CLEMENS ERTL

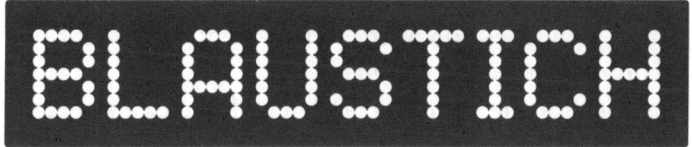

Geschichten aus dem Polizeialltag

HERRAMHOF VERLAG

Über den Autor

Clemens Ertl (Jahrgang 1990) wuchs in der Nähe von München auf. Er wurde mit 20 Jahren bei der Bayerischen Polizei im mittleren Dienst eingestellt und zum Polizeivollzugsbeamten ausgebildet. Nach einem Jahr bei der Münchner Einsatzhundertschaft wurde er im Jahr 2014 zur Polizeiinspektion München-Westend versetzt, wo er mehrere Jahre lang tätig war.

Die Dienststelle ist unter anderem für das als sozialer Brennpunkt geltende Viertel um den Münchner Hauptbahnhof zuständig, weshalb der Autor beinahe täglich mit Junkies und Schwerstkriminellen zu tun hatte, aber auch mit tragischen menschlichen Schicksalen konfrontiert wurde.

Ertl lebt in München.

PRINTED IN
AUSTRIA

1. Auflage 2022
© 2022 Herramhof Verlag,
Dr. Andrea Benedetter-Herramhof, St. Florian

Text: Clemens Ertl, Franz Ertl
Coverfoto: Henning Westerkamp, Pixabay
Lektorat: Margit Sulzer
Graphische Gestaltung: Gerold Wagner

Druck: Dataform Media GmbH, Großebersdorf

Verlag: Herramhof Verlag

ISBN: 978-3-903147-30-0

Der Praktikant

Der Praktikant war nervös. Es war seine allererste Nachtschicht. Aumüller exte rasch noch ein Red Bull. „Das ist Schmierstoff für die Seele", sagte er und leckte sich genüsslich die Lippen. Dann ging er zum Zimmer des Dienstgruppenleiters.

„Du, Andi, ist es okay, wenn ich mir den Praktikanten schnappe und ein bisschen rausfahr? Wache ist leer."

„Von mir aus, aber schau, dass ihr 'nen Trinkler und ein paar Zettel ranbringt, wir haben noch keinen diesen Monat." Gemeint waren Alkoholfahrten und Strafzettel.

„Ich geb mein Bestes", sagte Aumüller und klopfte dem Praktikanten kameradschaftlich auf die Schulter.

Praktikanten bei der Polizei sind keine Praktikanten im eigentlichen Sinne. Sie sind Auszubildende und tragen Uniform und Dienstwaffe. Sie haben die gleichen Vollzugsrechte wie ihre bereits ausgebildeten Kollegen. Der Praktikant war 20 Jahre alt. Aumüller schnappte sich den Praktikanten und fuhr auf Streife. Es war das erste Mal, dass beide zusammen in einem Einsatzwagen saßen. In der Getränkeablage standen zwei Red Bull. Aumüller drehte das Radio auf. Es kamen Nachrichten und irgendwann fiel der Name Claudia Roth.

Aumüller: „Ach, die heutigen Politiker sind doch alle verweichlicht."

Der Praktikant sagte nichts. Er war etwas schüchtern, weil er neu in der Schicht war.

Aumüller: „Ich bin noch mit diesen Charaktertypen aufgewachsen. Kohl und Schröder. Das waren Charaktere. Mit den heutigen Politikern kann ich mich nicht identifizieren. Helmut Schmidt hatte auch Charakter. Der war letztens in 'ner Talkshow und hat drei Schachteln geraucht."

Der Praktikant schwieg weiter.

Aumüller: „Diese Claudia Roth wirkt auf mich wie eine verkrampfte Sozialpädagogin, die lispelnden Kindern Sprechen beibringen will."

Der Praktikant: „Meine Mutter ist ein großer Fan von ihr."

Drei Sekunden Stille.

Aumüller schüttelte nur angewidert den Kopf. „Die Frau fabuliert ständig vom Klimawandel. Dabei habe ich mit eigenen Augen gesehen, wie sie nach der Münchner Sicherheitskonferenz in ein riesiges Auto eingestiegen ist, das einen täglichen CO_2-Ausstoß wie das Land Botswana hat."

Der Praktikant ließ ein leises Hüsteln vernehmen.

Aumüller: „Ich hab letztens in einem Buch gelesen, dass Bismarck jeden Tag zwölf Eier, sechs Bier und zwei Flaschen Wein zum Frühstück verzehrt hat. Und dieser Mann hat wirklich was erreicht. Der war Fechtmeister und Draufgänger. Und heutzutage werden wir von Veganern regiert!"

Der Praktikant: „Meine Mutter ist auch Veganerin."

Wieder Ruhe. Sie standen mittlerweile an einer roten Ampel. Aumüller nahm kurz sein Handy heraus und tippte darauf herum. Dann gab er das Handy seinem Praktikanten. Es war ein Online-Zeitungsartikel über einen Gerichtsprozess: „Polizist zu drei Monaten auf Bewährung verurteilt", stand da zu lesen.

Ein Mann hatte versucht, im Berliner Hauptbahnhof Schienensuizid zu begehen. Ein paar Bundespolizisten zogen ihn in letzter Minute vom Gleis. Gegen die Mitnahme auf die Wache wehrte er sich heftig. Er schlug und spuckte um sich. Der Mann war HIV-positiv. Die Bundespolizisten steckten den Mann in eine Zelle. Dort schlug und spuckte er weiter um sich. Ein Beamter trat dem Mann dann mit voller Wucht gegen den Oberkörper. Der Vorfall wurde von einer jungen Praktikantin gemeldet. Sie sagte im Prozess auch gegen ihren Kollegen aus. Der Betroffene selbst konnte sich an nichts erinnern. Der Beamte argumentierte, dass der Betroffene in der Zelle seinen Kopf in seine Richtung gedreht hätte. Dass er ansteckende Krankheiten hatte, war bekannt. Der Mann hätte um sich gespuckt, und aus Angst, mit ansteckenden Krankheiten infiziert zu werden, habe er zugetreten. Er wurde zu drei Monaten auf Bewährung verurteilt.

Aumüller: „Was sagt du dazu?"

Der Praktikant war verunsichert: „Ich weiß nicht. Ich finde es schon gut, dass die Praktikantin das gemeldet hat."

Aumüller mit leiser Stimme: „Du weißt gar nicht, wovon du redest."

Der Praktikant: „Wie bitte?"

Aumüller lauter: „Ich sagte, du weißt gar nicht wovon du redest!"

Drei Sekunden Stille.

Aumüller: „Stell dir vor, du hast jemanden, der sich umbringen will, der also zu allem bereit ist. Dieser Mensch hat eine ansteckende Krankheit, die tödlich sein kann. Stell dir vor, dieser jemand spuckt um sich. Er dreht sich plötzlich zu dir, obwohl du ihm tausendmal gesagt hast, er solle das nicht tun. Wie würdest du reagieren? Würdest du eine Klangschale hervorholen, um den Mann zu beruhigen? Oder würdest du deinem Selbsterhaltungstrieb folgen?"

Der Praktikant räusperte sich verlegen.

Aumüller weiter: „Glaubst du, die Richterin, die in Berlin das Urteil gegen den Kollegen gefällt hat, kommt aus gutem Hause?"

Der Praktikant etwas unsicher: „Ja, ich denke schon."

Aumüller: „Richtig! Das liegt daran, dass fast alle Richter aus gutem Hause kommen. Weißt du, warum das so gefährlich ist?"

Der Praktikant: „Nein."

Aumüller: „Weil die Richter über Mord und Totschlag, Drogenmissbrauch, Gewalt auf der Straße, das sich in sozialem Elend zuträgt, Urteile fällen. Sie haben das aber nie selbst erlebt. Sie kennen das ausschließlich aus den Akten. Ich würde diese Blindschleiche (gemeint war die Richterin in Berlin) mal eine Nachtschicht am Wochenende mit uns mitfahren lassen. Sie würde nie wieder so ein Urteil fällen. Sie weiß einfach nicht, wie es sich anfühlt, wenn jemand mit Aids-infiziertem Blut um sich spuckt. Verstehst du was ich meine?"

Der Praktikant immer noch unsicher: „Ja." Was hätte er auch sagen sollen?

Aumüller: „Ich finde es ziemlich dumm, Ex-Staatsanwälte als Richter einzusetzen. Denn Staatsanwälte kommen ebenfalls aus gutem Hause und haben die Sachen, die sie anklagen, nie selbst gesehen. Deshalb fände ich es gut, Ex-Polizisten, die mindestens zehn Jahre in einer Großstadt Streifendienst gemacht haben, als Richter einzusetzen. Die sind dann natürlich nicht mehr verbeamtet, sonst würde die Gewaltenteilung ja keinen Sinn mehr machen."

Dem Praktikanten war unangenehm, dass nur Aumüller die ganze Zeit redete. Er sagte deshalb: „Ja, stimmt. Das wäre eine sehr gute Idee."

Aumüller: „Ich kann mir diese Richterin in Berlin gut vorstellen. Die Mutter Musikpädagogin, der Vater Arzt oder selbst Jurist. Aufgewachsen auf dem Land oder in einem noblen Viertel in einer Stadt. Gymnasium, vielleicht ein privates. Sehr gutes Abitur, Studium mit Bestnote. Aber von Sachen wie Mord, sozialem Elend, Gewalt auf der Straße, Suizid, Drogenmissbrauch einfach keine Ahnung. Es gibt am Amtsgericht München einen sehr guten Richter namens Dr. Kaltenbrunner. Weißt du, warum er so gut ist?"

Der Praktikant schwieg, weil es eine rhetorische Frage war. Er konnte es schließlich nicht wissen.

Aumüller: „Weil er in München-Giesing der 60er Jahre als Sohn eines alkoholkranken Vaters aufgewachsen ist. Zumindest hat er mir das mal mit einer Pfeife im Mund im Raucherbereich des Gerichts erzählt. Damals waren Schlägereien auf der Straße und in den Wirtshäusern an der Tagesordnung. Aus dieser

Zeit hat er wohl seinen Gerechtigkeitssinn und seine Durchsetzungskraft. Gerecht ist er, weil er die Leute kennt, über die er urteilt, im Gegensatz zu diesen schnöselig aufgewachsenen Richtern. Durchsetzungsstark ist er, weil ich selbst schon erlebt habe, wie er plärrende Reichsbürger oder RAF-Anbeter, die dazwischenrufen, persönlich aus dem Saal wirft."

Der Praktikant fühlte sich zunehmend unwohl.

Aumüller räusperte sich kurz und fuhr fort: „Dr. Kaltenbrunner hat sich durchgeboxt. Von unten nach oben. Für mich ist der Mann eine Legende. Ihn könnte ich mir tatsächlich als Bundeskanzler vorstellen. Ich sehe es aber schon kommen, dass es so eine verweichlichte Weihnachtsgans wie Claudia Roth wird. Wenn das geschieht, wandere ich nach Sentinel Island aus und beantrage Asyl."

„Isarwache 1", unterbrach der Funk Aumüllers Redeschwall. „Schauen Sie mal in die Zweibrückenstraße 43. Da ruft eine Frau Casanoglu an, über ihr ist eine Studentenparty viel zu laut."

„Verstanden."

Der Praktikant atmete erleichtert auf. Endlich war Aumüller gezwungen, seinen Monolog zu unterbrechen.

Swantje war an diesem Tag 25 geworden. Sie studierte Medien- und Kommunikationsdesign. Swantje war groß, dürr und hatte rote Haare. Sie war sehr stolz darauf, dass sie viele Freunde in England hatte und deshalb ließ sie einige Anglizismen in ihren Wortschatz einfließen. Meist waren es Sätze wie „No way!" oder „Yeah, that's the way it is ".

Swantje hatte eine Dreizimmerwohnung in einem Münchner Altbau. An diesem Abend hatte sie mit etwa 30 Kommilitonen ihren 25. Geburtstag gefeiert. Es war eine klassische Studentenparty mit Bier-Pong und lauter Musik. Drei Joints wurden herumgereicht. Dann klingelte es laut an der Tür. Es waren Aumüller und der Praktikant.

Swantje öffnete die Tür. Im Hintergrund ertönte Partylärm. Eine beachtliche Marihuana Wolke entwich nach draußen und zog in Aumüllers Nase. Aumüller grinste und zwinkerte Swantje zu: „Hmmm, das riecht aber gut."

Swantje verunsichert: „Oh yeah, okay. That's the way it is."

Aumüller: „Hören Sie mal, es ist 23:30 Uhr, die Nachbarn haben sich beschwert. Es ist viel zu laut. Sie machen bitte sofort die Musik leiser und schicken die Leute heim. Ansonsten gibt's 'ne Anzeige."

Swantje: „Oh, no problem. No way. Wir wollten jetzt ohnehin in die Innenstadt."

Aumüller notierte sich noch Swantjes Namen und die Uhrzeit. Swantje drehte die Musik leiser.

Drei Minuten später im Streifenwagen wandte sich Aumüller an den Praktikanten: „Ich weiß, dass ihr das in der Ausbildung anders lernt, aber ich hatte keine Lust, um diese Uhrzeit mit 30 Berufsverweigerern über die Rechtmäßigkeit einer Wohnungsbetretung zu diskutieren. Die sollen den Scheiß doch endlich legalisieren! Der Einzige, der an Gras verreckt ist, war Jimi Hendrix. Und der ist an seiner Kotze erstickt."

Aumüller nannte Studenten immer Berufsverweigerer. Über sie verlor er nie ein gutes Wort.

Aumüller sagte: „Auf zu viel Alkohol dreht etwa jeder Fünfte komplett durch. Hast du schon mal einen unentspannten oder aggressiven Kiffer gesehen? Weißt du den eigentlichen Grund, warum Marihuana verboten ist und Alkohol nicht?"

„Nein", sagte der Praktikant und schüttelte den Kopf.

„Die Menschen in Europa saufen bereits seit der Steinzeit. Marihuana wurde von den Europäern erst zur Hippie-Zeit entdeckt. Wäre das umgekehrt, wäre heute Marihuana legal. Alkohol dagegen würden sie als Teufelsdroge, die Menschen zu Zombies macht und zu Mord und Totschlag verleitet, umgehend verbieten!"

Der Praktikant nickte: „Interessante Theorie."

Aumüller sagte: „Die Nachbarin, die gerade wegen der Ruhestörung angerufen hat, hat auch bestimmt angerufen, weil der ganze Gang nach Gras roch und nicht, weil es zu laut war. So eine Denunziantin! Wenn man in Deutschland Nachbarn hat, braucht man keine Feinde mehr."

Der Praktikant ließ ein unbestimmtes Grunzen vernehmen.

Aumüller fuhr fort: „Was ich dir vorher aber eigentlich noch sagen wollte, weil du einer dieser Merkel-Menschen bist, der nur sie als Chef kennt."

Der Praktikant stutzte. Das Wort „Merkel-Mensch" war ihm neu. Er konnte schließlich nicht wissen, dass Aumüller mit jenem Ausdruck alle jungen Menschen bezeichnete, die nach 1990 geboren worden waren und die bewusst nur Angela Merkel als Kanzlerin erlebt hatten.

Aumüller: „Mir fehlt in der aktuellen Politik seit Jahren die Leidenschaft. Bismarck, Kohl und Schröder waren Männer mit Leidenschaft im Blut. Als ich dir den Online-Artikel mit dem Suizidenten vorhin gezeigt habe, wusste ich schon, was du darauf antworten wirst."

Dann sagte er einen Satz, den der Praktikant erst einige Zeit später verstand: „Das deutsche Grundgesetz ist ein sehr kluges Gesetz. Aber es muss halt auch umgesetzt werden. Das wirst auch du noch begreifen."

Aumüller blickte den Praktikanten nachdenklich an und fuhr fort: „Du kommst aus 'ner Generation, die von linken Frauen erzogen wurde. Mutter, Kindergärtnerin, Grundschullehrerin. Ich frag mich, ob noch 'ne linke Frau die Antwort auf unsere Probleme ist."

Es war vermutlich eine Anspielung auf Claudia Roth.

Dann donnerte es durch den Funk: „Ich brauch zwei Streifen in den Puff Love World. Eine Dirne ruft an und schreit um Hilfe, kann aber kaum Deutsch. Im Hintergrund brüllt jemand *schlechter Service*. Das Ganze in Zimmer 16 bei Irina."

Aumüller zu seinem Praktikanten: „So, mein Freund, jetzt kannst du endlich was erleben."

Sie drückten die Knöpfe für den Blaustich. (Als „Blaustich" werden in Polizeikreisen Blaulichtfahrten mit Sirene bezeichnet, weil man durch den Verkehr hindurch „sticht".) Dann brausten sie in Richtung Love World.

Beinahe zeitgleich kam eine weitere Streife an. Gemeinsam rannten sie in den 1. Stock und stürmten ins Zimmer 16.

Für jene Leser, die noch nie ein Bordell besucht haben: Die Betten haben meist roten Bezug. Die Wände sind meist rot oder rosa gestrichen. Kissen in Herzform sind die Regel. Die Einrichtung erinnert stark an Mandys Wohnung. Aber dazu später mehr.

Im Zimmer stand Irina. Sie kam aus Rumänien, hatte schwarze Haare, einen dunklen Teint und trug nur einen String-Tanga. Vor ihr stand ein kleiner Mann Ende 30, der seine dunkelblonden Haare schmierig nach hinten gegelt hatte. Der Mann war nackt und hatte seinen Zeigefinger mahnend nach oben gestreckt. Er schrie Irina mit weit geöffneten Augen an: „Schlechter Service! Schlechter Service! Schlechter Service!" Auf dem roten Kopfkissen in Irinas Bett konnte man eine Spermapfütze sehen.

Aumüller griff ein und schrie: „Sie Kommunikationsdilettant, hören jetzt sofort auf zu schreien! Der Einzige, der im Puff schreien darf, bin ich! Oder haben Sie 'ne Murmel im Trichter? Ziehen Sie sich erstmal 'ne Hose an und dann wird vernünftig geredet!"

Die andere Streife nahm Irina zur Seite, um zu erfahren, was passiert war. Irinas Arbeitskollegin Natalia übersetzte. Irina hatte bei ihrem Kunden den Oralverkehr vollzogen. Standardprogramm also. Der nächste Punkt der Tagesordnung wäre eigentlich der Vaginalverkehr gewesen. Doch der Penis des Mannes wurde beim Oralverkehr nicht steif. Nachdem Irina 45 Minuten lang die mickrige Milzwurst im Mund hatte und sich nichts rührte, sprang der Kunde wie von der Tarantel gestochen auf. Irina fiel von ihrem Bett. Der Mann befriedigte sich im Stehen anschließend selbst und ejakulierte auf Irinas Kopfkissen.

Die folgenden Worte sagte Irina mit starkem osteuropäischem Akzent: „Er schreien, du dumme Schlampe. Ich wichs dir auf Kopfkissen. Das ist der Rache! Es ist der Rache für deine schlechte Service!"

Aumüller ließ den Praktikanten den Alkoholtest holen. Der Mann hatte lediglich 0,4 Promille. Seine Pupillen verrieten, dass er vermutlich auch keine Drogen genommen hatte. Bei der Durchsuchung seiner Person fand Aumüller übrigens seinen Arbeitsausweis. Er war ein hohes Tier in einer weltweit agierenden Firma. Jedes Kind kennt sie.

Der Praktikant seufzte und dachte bei sich: „Wie kann jemand beruflich so erfolgreich und gleichzeitig so ein Arschloch sein?"

Von seiner Argumentation wich der Mann übrigens nicht ab. Er sagte aufgebracht: „Das hätten Sie erleben müssen, wie die da lustlos rumlutscht. Das war unglaublich schlechter Service!"

Der Mann erhielt natürlich eine Anzeige und einen Platzverweis. Er bestand darauf, Irinas Namen zu erhalten. Er wollte sie zivilrechtlich wegen des „schlechten Service" auf Schadenersatz verklagen. Irina war mit dem Mann laut Bürgerlichem Gesetzbuch einen mündlichen Vertrag eingegangen. Im wahrsten Sinne des Wortes. Und er war der Meinung, dass Irina den vertraglichen Vereinbarungen nicht nachgekommen war. Deshalb hatte er tatsächlich Anspruch darauf, Irinas Namen zu erhalten.

Aumüller schrieb Irinas Namen auf einen Zettel und gab ihn dem Mann. „So aber jetzt endlich raus hier!"

Der Mann verließ schlecht gelaunt das Love World. Das Kopfkissen entsorgte Irina. Aumüller und der Praktikant schauten sich später noch die Internetseite des Bordells an und mussten lachen. Als Motto war in roten Buchstaben geschrieben: „Bester Service der Stadt!"

Aumüller traf Irina zwei Wochen später bei einem Einsatz wieder. Sie erzählte, dass der Mann noch am selben Tag eine Beschwerdemail an die Puffmutter verfasst hatte. Außerdem verklagte er Irina tatsächlich auf Schadenersatz. Aumüller hätte sich von Herzen gewünscht, dass die Bildzeitung über den Fall berichtet. Aber die Bild-Reporter, die alle „Malte", „Till" oder im schlimmsten Fall sogar „Tilman" zu heißen schienen, zeigten offenbar kein Interesse.

Die Klage wurde abgewiesen. „Leider!", sagte Aumüller und seufzte. Der kleine, schmierige Unhold, dessen Napoleon-Komplex scheinbar einen schweren Verlauf genommen hatte, wurmte ihn. „Stell dir vor, der Kerl würde auf der Anklagebank einem Richter wie Dr. Kaltenbrunner gegenübersitzen. Das wäre mal was! Der hätte ihn ordentlich zur Sau gemacht!"

Die weitere Nachtschicht verlief turbulent. Aumüller und der Praktikant rasten von einer Schlägerei zur nächsten. Aumüller wurde von einem Mann, der seine Frau verprügelt hatte, angespuckt. Der Mann wurde daraufhin in Gewahrsam genommen.

In einem Nachtclub randalierte dann ein sturzbetrunkener Mann und wollte sich um nichts auf der Welt beruhigen. Nachdem er von Aumüller und seinem jungen Gehilfen zu Boden gebracht worden war, versuchte er noch, den Praktikanten in den Oberschenkel zu beißen. Der Mann wurde ebenfalls in Gewahrsam genommen.

Der nächste Einsatz fand in einer Spielhalle statt. Dort hatte ein Betrunkener in ein Pissoir defäkiert und die Security wollte wegen der Reinigungskosten Namen und Adresse des Mannes.

Wenig später lief ein junger Mann aus unbekannten Gründen in einen U-Bahn-Schacht. Ein Angestellter der Münchner Verkehrsgesellschaft beobachtete das und alarmierte die Polizei. Aumüller und der Praktikant eilten dem Mann hinterher. Dieser nahm einen Stein aus dem Gleisbett und warf ihn Aumüller an die Stirn. Der Steinewerfer wurde festgenommen und von einer anderen Streife in die Nervenklinik eingewiesen.

Es folgten ein Verkehrsunfall mit einem Leichtverletzten und ein Ladendiebstahl. Der Ladendieb war ein älterer Rumäne. Er war die ungepflegte Version von Lukas dem Lokomotivführer aus der Augsburger Puppenkiste. Er hatte am Hauptbahnhof in einem 24-Stunden-Kiosk eine Flasche Schnaps für 1,99 Euro klauen wollen und war erwischt worden. Er wirkte nüchtern, er konnte sich voll artikulieren, weder lallte noch wankte er. Ein Alkoholtest ergab dann aber einen Wert von 3,4 Promille.

Am Ende der Nachtschicht wurden Aumüller und der Praktikant dann zu einem letzten Einsatz gerufen. Ein 48-jähriger Werbegrafiker hatte sich aus Liebeskummer aus einem Hochhaus gestürzt. Als die beiden Polizisten ankamen, lag die zermatschte Leiche auf dem Boden. Der Schädel war aufgeplatzt. Die Zähne des Mannes lagen in einem Umkreis von zehn Metern verteilt. Der Praktikant wollte mit seinem Handy ein Foto der Leiche machen.

Aumüller sagte mahnend: „Lass den Scheiß!"

Der Praktikant steckte das Handy weg. Dann trafen die Jungs von der Feuerwehr ein. Obwohl der Mann offensichtlich tot war, versuchten sie noch, ihn wiederzubeleben. Sie schnallten ihm dazu ein Gerät um. Es war ein groteskes Bild. Der Tote hatte eigentlich keinen Schädel mehr, und durch den Wiederbelebungsversuch zappelten seine Arme und Beine wie bei einer Puppe. Es war eine Mischung aus moderner Kunst und einem Live-Horrorfilm.

Später saßen Aumüller und der Praktikant wieder im Streifenwagen. Der Praktikant hatte Tränen in den Augen. Es war erst die zweite Leiche, die er in seinem Leben gesehen hatte.

Aumüller sagte: „Wenn bei dir jetzt irgendwelche Schmerzfelder entstanden sind, kannst du dich gern an den Zentralen Psychologischen Dienst wenden. Ich muss dir das sagen, weil du noch in der Ausbildung bist. Aber inoffiziell sage ich dir, tu es nicht. Das sind allesamt Gutmenschen und Volldeppen!"

Der Praktikant schniefte und Aumüller fuhr fort: „Glaub mir, in all den Jahren Streifendienst habe ich mehr über mich selbst und die Menschen im Allgemeinen gelernt, als die besten Psychologen der Welt mit ihren albernen Fragebögen es je tun könnten."

Nach der Nachtschicht fuhr Aumüller mit dem Fahrrad nach Hause. Er hatte keinen fahrbaren Untersatz, denn er hasste Autofahren. Seine Glieder fühlten sich wie Wackersteine an, doch er war hellwach. Das lag vermutlich an den sechs Red Bull, die er getrunken hatte. In seiner Wohnung trank er deshalb noch zwei Bier, um wieder etwas runterzukommen.

Zum Praktikanten sagte er am nächsten Tag: „Ich hab die zwei Dinger runtergelitert." Dazu machte er eine Trinkbewegung. „Du musst wissen, ich trinke nur in Gesellschaft, aber meine Freundin ist ja immer da."

Aumüller hatte nur drei Stunden geschlafen. Die Bilder der zappelnden Leiche bekam er nicht mehr aus dem Kopf.

Der Praktikant schlief etwas besser.

Der Praktikant war übrigens ich.

Starke Männer

Ich möchte mich an dieser Stelle vorstellen: Mein Name ist Lorenz Hammerbauer und vielleicht interessiert es Sie ja, warum ich ausgerechnet Polizist geworden bin. Es kam so: Ich war 19 Jahre alt und eine hübsche Blondine in Polizeiuniform lächelte mich an. Sie war Anfang 20 und hatte schneeweiße Zähne. Sie hatte dieses typische Urlaubs-Strand-Lächeln aufgesetzt, das man heutzutage von hysterischen Instagram-Influencern oder YouTube-Fitness-Amseln kennt. Neben ihr stand ein Mann mit dunklen Haaren, der ebenfalls vor Glück zu strahlen schien. Auch er hatte eine Polizeiuniform an. Beide waren auf einer Werbebroschüre der bayerischen Polizei abgelichtet. Diese wurde in meiner Schule verteilt.

Auf der Rückseite der Broschüre sah man das Spezialeinsatzkommando (SEK) bei einem Zugriff. Vermummte, durchtrainierte Männer, die einen Straftäter festnehmen. Menschen, die Gutes tun. Auf dieser Seite gab es noch mehr breit grinsende Männer und Frauen in Uniform. In einem Hubschrauber, mit einer Laserpistole oder einem Diensthund. Man wollte jungen Menschen zeigen, dass dieser Beruf viele interessante Facetten hat. Mein Interesse war geweckt. Ich wollte keinen Bürojob, bei dem man jeden Tag acht Stunden lang das Gleiche tut. Und so kam es, dass ich mich als Polizeivollzugsbeamter für den mittleren Dienst bewarb.

Der Einstellungstest fand in der Polizeikaserne in der Rosenheimer Straße in München statt. Der Test besteht aus einem sprachlichen Teil, einer Art Intelligenztest, einem Gruppengespräch und einem strukturierten Gespräch, das gern als „psychologischer Test" bezeichnet wird. Des Weiteren gibt es einen Sporttest und eine ärztliche Untersuchung.

Insgesamt dauert der Test zwei Tage. Weil die schriftliche Prüfung bereits früh am Morgen beginnt, hat man als Bewerber die Möglichkeit, in der Polizeikaserne zu übernachten. Ein grimmig dreinschauender, bierbäuchiger Polizist winkte mich durch die Schleuse, nachdem ich ihm die Einladung zum Einstellungstest gezeigt hatte. Das Gebäude der Polizeikaserne stammt aus der Zeit um 1900, einer Epoche also, in der die Ordnungsmacht noch die Autorität schlechthin war. Das Gebäude sollte wohl Bedeutsamkeit demonstrieren. Das ist durchwegs gelungen. Auf mich wirkte es mit seinen riesigen Säulen und hohen Decken sehr imposant. Ein überaus höflicher junger Polizist zeigte mir anschließend das Zimmer, in dem ich übernachten sollte. Es hatte eine original 1970er-Jahre-Einrichtung mit einem unglaublich hässlichen, khakifarbenen Boden und khakifarbenen Vorhängen.

Später am Abend genehmigte ich mir noch ein Augustiner Bier. Die Nacht über schlief ich trotzdem ziemlich schlecht. Mich plagten Versagensängste. Vor dem Einschlafen ließ ich mir noch einmal die Motivation für meine Bewerbung durch den Kopf gehen und dachte an die starken Männer vom SEK.

Am nächsten Morgen fand der schriftliche Test statt. Ich trat zusammen mit etwa 30 anderen Bewerberinnen und Bewerbern an. Beim anschließenden psychologischen Test wurde ich vor einem Gremium von einer Dame befragt: „Waren Sie jemals kurz davor, die Nerven zu verlieren? Wenn ja, in welcher Situation?"

Ich erwiderte: „Jeder Mensch war doch schon mal in so einer Situation. Ich auch, als einmal eine Verwandte starb. Aber durch selbstreflektiertes Handeln behielt ich mich emotional im Griff."

Die Antwort war komplett frei erfunden, aber an ihrem Blick bemerkte ich, dass sie gut ankam.

Ihre nächste Frage lautete: „Stellen Sie sich vor, Sie kommen als junger Polizist zu einem Einsatz, bei dem ältere Menschen Ihre Autorität aufgrund Ihres jungen Alters anzweifeln. Wie reagieren Sie?"

„Ich würde die Leute bitten, sich in meine Situation hineinzuversetzen und sie daran erinnern, dass sie auch mal jung waren. Vielleicht hätten sie dann Verständnis."

Wieder ein zufriedener Blick.

Nächste Frage: „Sie müssen die Identität einer Frau feststellen, die eine Burka trägt. Die Frau muss die Burka dazu abnehmen. Ihr anwesender Ehemann möchte nicht, dass ein anderer Mann seine Frau ohne Burka sieht. Wie reagieren Sie?"

Ich hatte geahnt, dass diese Frage kommen würde und hatte mich vorbereitet: „Ich würde einfach eine Kollegin bitten, diesen Part zu übernehmen."

Wieder ein zufriedener Blick. Den Einstellungstest bestand ich. Ein bloßes Bestehen ist jedoch keine Garantie für eine Einstellung. Bei Bestehen erhält man eine Note und wird in eine Liste möglicher Kandidaten aufgenommen. Nur die Besten werden schließlich eingestellt.

Meine Note war nicht schlecht. Man sagte mir, dass ich gute Chancen auf eine Einstellung hätte. Ich verspürte eine große Erleichterung. Meinem Traum, Polizist zu werden, ein Starker, der Schwächere beschützt, schien nichts mehr im Wege zu stehen.

Und tatsächlich: Bereits wenig später absolvierte ich meine Ausbildung in einer mittelgroßen bayrischen Stadt. Ich hatte obskure Geschichten über „Sexpartys" in den Ausbildungsstätten der Polizei gehört. Ein fertig ausgebildeter Polizist, dem ich erzählte, in welcher Stadt ich ausgebildet werde, sagte nur: „Ach okay, in der Bumsburg."

Dass Gerüchte dieser Art gewisse Hoffnungen weckten, muss ich wohl nicht erst erwähnen. Für den Fall, dass manch werter Leser daraufhin mit einer Polizeikarriere liebäugelt, möchte ich an dieser Stelle jedoch hinzufügen: Die angekündigten Sexpartys blieben aus. Interessant war die Ausbildung dennoch.

Insgesamt dauert die Ausbildung zum Polizeivollzugsbeamten in Bayern zweieinhalb Jahre. Während dieser Zeit ist man von Montag bis Freitag in einer Art Kaserne untergebracht. Der Alltag läuft folgendermaßen ab: Um 06:00 Uhr aufstehen, frühstücken, in Reih und Glied in Uniform antreten. Die Vollzähligkeit der Beamten wird überprüft. Um 06:45 Uhr beginnt der Unterricht. Unterrichtet wird Polizeirecht (Strafrecht, Allgemeines Polizeirecht etc.), Kommunikations- und Konfliktbewältigung, Englisch, Politik und Berufsethik. Zwischendurch gibt es Sportunterricht, Schießtraining, Schwimmen und Selbstverteidigung. Der Unterricht endet um 16:45 Uhr.

Ich konnte den meisten Unterrichtsfächern durchaus etwas abgewinnen. Mein besonderes Interesse jedoch galt dem Strafrecht. Haben Sie sich zum Beispiel schon einmal gefragt, warum Abgeordnete der deutschen Landtage und des Bundestags Immunität genießen? Nun, ich wusste es nicht und stellte genau diese Frage meinem Strafrechtslehrer, Herrn Fleischhauer, im Unterricht. Herr Fleischhauer hatte bereits 30 Jahre lang als Polizist gearbeitet.

Seine Antwort lautete: „In einer Demokratie wird die Regierung ja von der Opposition kontrolliert. In Bayern regiert die CSU. Stellen Sie sich vor, jemand von der CSU fingiert, dass sämtliche Abgeordnete der Opposition einen Bandenraub begangen haben und deshalb in U-Haft kommen. Die Regierung wäre dann ohne Kontrolle der Opposition. In Bayern wäre das eine Katastrophe, denn die CSU würde dann vermutlich die Scharia ausrufen!"

Zusätzlich zum Unterricht gab es gelegentlich auch Vorträge zu verschiedenen Themen. Zwei dieser Vorträge sind mir bis heute in besonderer Erinnerung. Den einen hielt der Arzt der Polizeikaserne vor 130 jungen Beamten. Der Arzt war etwa 60 Jahre alt und galt als ziemlich durchgeknallt. Es gab Gerüchte, er würde sich seine Medikamente selbst reinpfeifen. Das Thema des Vortrags ist mir nicht in Erinnerung geblieben. Das lag daran, dass der Arzt nach wenigen Minuten von seinem eigentlichen Thema abwich und 15 Minuten irgendetwas von einem „Sternenkrieg" erzählte. Man schickte ihn kurz darauf aus gegebenem Anlass in Pension.

Der andere Vortrag war eine Obduktion in der Rechtsmedizin in München. Die Obduktion stand auf dem Lehrplan, um uns an das Thema Tod heranzuführen. In der Vergangenheit war es wiederholt passiert, dass junge Beamte völlig unvorbereitet das erste Mal im Dienst eine Leiche sahen, die aber entsprechend entstellt war. Obduziert wurde eine etwa 65-jährige Frau. Das Skurrile an der Obduktion war, dass der Arzt einen kräftigen Gehilfen mit leerem Blick hatte. Er erinnerte uns alle an Frankenstein.

Die einzige Aufgabe des Gehilfen schien es zu sein, die Schädel der Toten aufzuknacken. Der Rechtsmediziner hatte dafür nicht die nötige Kraft. Nachdem der kräftige Helfer den Schädel geknackt hatte, nahm der Arzt das Gehirn der toten Frau aus dem Schädel heraus und sagte: „In diesem Zustand könnte nicht einmal ein FDP-Politiker dumm daherreden!" Der Arzt hatte den besten Galgenhumor, den ich je erlebt habe. Die Sprüche waren derb und wirkten auf manch sensibles Persönchen sicherlich irritierend. Der Arzt erklärte uns auch, warum er diese Sprüche brachte: „Ich schneide jeden Tag Leichen auf. Ohne meinen Humor würde ich verrückt werden."

Als der Mediziner später mit einem Schöpflöffel Blut aus dem Bauch der Toten löffelte und mit ihrem Darm herumhantierte, brach eine Kollegin in mehrere Tage andauerndes Weinen aus.

Mayerhofer & Co

Bevor ich Ihnen nun ein paar meiner ungewöhnlicheren Kollegen vorstelle, möchte ich eines vorausschicken: Die meisten Kollegen, die ich im Rahmen meiner Ausbildung kennenlernen durfte, waren nett, hochmotiviert und vernünftig.

Dennoch muss ich zugeben, dass der Beruf auch schräge Persönlichkeiten anzuziehen schien. Zu diesen zählte zweifelsohne mein Kollege Mayerhofer. Er war am Anfang der Ausbildung 21 Jahre alt, mittelgroß, strohblond und hatte Oberarme wie Eichenstämme. Er nannte sich selbst „Se Viking from Niederbayern". Zu seinem Geschlechtsteil pflegte er liebevoll „mei Brezen" zu sagen.

Zunächst hatte sich die Kommunikation mit Mayerhofer auf Worte wie „Hallo!" oder „Servus!" beschränkt. Doch eines Tages kam Mayerhofer in der Pause im Klassenzimmer ungefragt auf mich zu und sprach mich in tiefstem niederbayerischem Dialekt mit meinem Nachnamen an: „Heee, Hammerbauer, letztens war ich mit einer Alten im Schwimmbad. In der Umkleide hab ich sie dann verrohrt."

Ich fragte: „Was hast du gemacht?"

Mayerhofer: „Verrohrt. Mit meiner Brezen, von oben bis unten." Er formte eine Faust. Ich verstand. Ich

mochte das Wort. Es fand Eingang in meinen Sprach-
gebrauch.

Mayerhofer hatte nach jedem Wochenende völlig
verrückte Geschichten parat. Fast immer ging es ums
„Verrohren". Eine Zeit lang jammerte er allerdings, dass
das Aussehen und der „Service" seiner Angebeteten seinen hohen Ansprüchen nicht mehr genügen würde. Ich
fragte: „Warum bist du dann überhaupt mit der Frau
zusammen, wenn du dich ständig über ihr Aussehen
beschwerst?"

Seine Antwort bewies Tiefsinn: „Mei, in der Wüste
saufst halt auch mal a dreckigs Wasser."

Diplomatische Gesprächsführung oder der Gebrauch
von politisch korrekten Ausdrücken zählten nicht zu
Mayerhofers Stärken, und es wäre ihm im Traum nicht
eingefallen, mit seiner Meinung hinter dem Berg zu
halten. Während des Besuchs des Oktoberfests regte er
sich über eine leicht untersetzte Frau in einem Dirndl
auf: „Wenn ich so an fetten Arsch hab wie die und geh
aufs Oktoberfest, dann zieh ich doch kein Dirndl an,
dann zieh ich a Jogginghosen an – und bleib daheim!"

Mayerhofer war außerdem ein großer Fan von Heavy
Metal Musik und dafür bekannt, gute Vergleiche ziehen zu können. Das Abspielen eines Technolieds im
Kraftraum der Kaserne kommentierte er so: „Des hört
sich an, als wenn a Kuh auf a Trommel scheißt."

Darüber hinaus war er ein Mann von Welt. Nach den
Ferien fragte ich ihn: „Und, Mayerhofer, bist du über
den Sommer weggefahren?"

„Ja, freilich", antwortete er und nickte, „ich bin a
paarmal im Schwimmbad gewesen."

Dass die eingangs erwähnten Sex-Partys nicht stattfanden, betrübte Mayerhofer besonders. Doch die berüchtigten „Blaulichtpartys" trösteten ihn einigermaßen darüber hinweg. Es waren dies organisierte Massenbesäufnisse in extra dafür angemieteten Diskotheken. Hier galt ein einfaches Prinzip: Wenn du viel trinkst und es verträgst, bist du cool.

Einer der Uncoolen transportierte an einem nebligen Septembermorgen beim Antreten eine Mischung aus Thai-Curry und Apfelstrudel von seinem Magen auf den Hinterkopf der Kollegin, die vor ihm stand. Da die junge Beamtin blond und der Mageninhalt des Kollegen gelb war, fiel die Sache optisch nicht weiter auf. Die Kollegin blieb einfach stehen und sagte nichts. Der Vorgesetzte, der die Vollzähligkeit der Truppe überprüfte, bemerkte von dem Vorfall nichts. Die junge Polizistin hatte Kollegialität bewiesen. Hätte sie sich beschwert, wäre herausgekommen, dass der Kollege desolat besoffen zum Dienst angetreten war – und er wäre entlassen worden.

Es gab auch einige Kollegen, die auf diesen Blaulichtpartys bis 06:00 Uhr morgens durchfeierten, dann in der Kaserne duschten und in den Unterricht gingen. Aus dem Unterrichtsraum schlug einem an solchen Tagen ein fürchterlicher Alkoholdunst entgegen. Gegen Kopfschmerzen, Übelkeit und andere unschöne Folgen der durchzechten Nächte wirkten die Sporteinheiten wahre Wunder.

Es wurde Winter und die Abende in der Kaserne wurden immer länger. Irgendwann entdeckten wir den eigentlich für den Unterricht vorgesehenen Beamer für uns. Und weil das Soziale nicht zu kurz kommen darf und der Zusammenhalt gestärkt werden soll, veranstalteten wir im Klassenzimmer nette Filmabende mit bis zu 15 jungen Beamten.

Geguckt wurden meist leicht zu verstehende Filme wie „The Gardener" oder „Countrygirl". Wie die Titel vielleicht erahnen lassen, waren es keine Dokumentationen, sondern Filme, in denen Menschen nackt übereinander herfielen und allerlei Alltagsgegenstände zweckentfremdeten. Wir hatten das Klassenzimmer also zu unserem eigenen Pornokino umfunktioniert. Besonders Mayerhofer war begeistert. Den meistgenannten Satz „Lick that Ass" aus dem legendären Streifen „The Gardener" zitierte Mayerhofer mindestens 50-mal am Tag, einmal auch gut passend im Unterricht im Fach Strafrecht, als es um Sexualdelikte ging. Mayerhofer wollte mir unbedingt seinen Lieblingsporno, der den subtilen Titel „Negeralarm im Teeniedarm" trug, leihen. Ich brauchte eine kleine Ewigkeit, um ihn davon zu überzeugen, dass ich den Film nicht sehen wollte.

Mayerhofer war generell nicht eben zartbesaitet – und zwar nicht nur, was seinen Filmgeschmack anging. Eines schönen Nachmittags warteten wir gemeinsam in der Sporthalle auf den Beginn des Selbstverteidigungstrainings. Das Telefon klingelte. Es war der Kollege aus dem Geschäftszimmer: „Der Trainer verspätet sich. Wärmt euch schon mal auf!"

Wir verteilten uns in der Halle, wärmten uns auf und dehnten uns. Es war ein schöner Tag und die Sonne schien in die Halle. Doch dann plötzlich: Dunkelheit. Auf einmal war alles komplett schwarz. Von Weitem hörte ich Stimmen. Plötzlich war alles wieder hell. Ich bemerkte, dass ich auf dem Boden lag. 30 fragende Gesichter blicken mich entsetzt an. Er lag neben mir auf dem Boden. Er war pechschwarz und etwa 50 cm lang. Ein Einsatzschlagstock. Doch wie um alles in der Welt war der Schlagstock dorthin gelangt? Mayerhofer hatte sich auf seine Art aufwärmen wollen und hatte dazu wie ein Wahnsinniger mit dem Schlagstock auf einen Volleyball eingedroschen. Als er gerade besonders hart zuschlagen wollte, entglitt ihm der Stock und flog ein paar Meter durch die Luft, bis er den Weg an meine Schläfe fand. Auf eine Entschuldigung warte ich bis heute. Mayerhofer half mir auf und meinte nur lapidar: „Selber schuld, wenn du da stehst, Hammerbauer!"

Als der Selbstverteidigungstrainer eintraf, erzählte ihm eine Kollegin, dass ich einen Schlagstock an den Kopf bekommen hatte und kurz bewusstlos gewesen war. Die Kollegin kam aus dem medizinischen Bereich. Sie wollte, dass der Kasernenarzt mich untersucht. Eine Hirnblutung sei nicht auszuschließen.

Die Antwort des Trainers gefiel mir: „Der muss das abkönnen! Wir suchen Polizisten und keine Warmduscher!"

Der gute Mann sollte recht behalten: Bis zum Abend war ich beinahe wieder fit. Nur die Tischgespräche in der Kantine trugen nicht unbedingt zu meinem Wohlbefinden bei. Mayerhofer schilderte während des gesamten Abendessens eindrucksvoll und detailliert, wie er am Wochenende seine Zunge in den Anus einer Frau gesteckt hatte. Dass diese Geschichte nicht eben appetitanregend war, konnte er nicht nachvollziehen.

Noch in derselben Nacht wurden wir um etwa 02:30 Uhr unsanft geweckt. Ein Kollege namens Armin lief schreiend durch den Gang und plärrte: „Ich lass mir doch nichts von 'nem 20-Jährigen sagen, ich war beim Buuuuund!"

Armin hatte mit der Bundeswehr am Afghanistan-Einsatz teilgenommen. Das hatte gewisse Spuren hinterlassen. Er hatte in dieser Nacht gewartet, bis seine beiden Kollegen eingeschlafen waren, um sich dann in aller Ruhe eine ganze Flasche Whisky zu genehmigen. Anschließend begann er, laut und wenig melodisch zu singen, was seinem 20-jährigen Zimmergenossen missfiel. Nun lief er plärrend und sturzbetrunken den Gang entlang. Zuvor hatte er sämtliche Tische und Stühle in seinem Zimmer umgeworfen. Wir schickten uns an, den Afghanistan-Veteranen einzufangen und in sein Bett zu legen, wo ihn innerhalb von Sekunden der Schlaf übermannte.

Konsequenzen hatte die Sache um den Ex-Soldaten Armin keine. Der sogenannte BvD, der Beamte vom Dienst, der für die Ahndung von Verstößen gegen die Nachtruhe zuständig war, hatte von der Sache nichts mitbekommen oder wollte schlichtweg nichts davon mitbekommen haben.

Armin war nicht der Einzige, der gelegentlich zu tief ins Glas blickte. Alkoholexzesse fanden während der Ausbildung so einige statt. Schließlich waren etwa 130 junge Menschen über zweieinhalb Jahre lang fernab ihrer Familie oder ihres Partners auf engem Raum zusammen untergebracht. Ich muss gestehen, dass auch ich selbst dem Alkohol nicht immer abgeneigt war. Einmal erbrach ich mich sturzbetrunken in die Toilette meines Kasernenzimmers, verfehlte jedoch die Schüssel, da ich alles ziemlich verschwommen sah. Am nächsten Morgen wurde ich unsanft von heftigen Flüchen meines Mitbewohners geweckt. Er war, nichts Böses ahnend, in der Früh auf die Toilette gegangen und barfuß in mein Erbrochenes getreten.

Der Höhepunkt dieser Besäufnisse war jedoch, als ein Kollege sich nach einer der gefürchteten Blaulichtpartys noch ans Steuer seines Wagens setzte. Er wurde mit mehr als zwei Promille von einer örtlichen Streife angehalten. Da er, wie alle Auszubildenden, noch Beamter auf Widerruf war, wurde er umgehend aus dem Staatsdienst entlassen.

Und es mag seltsam klingen: Doch alkoholbedingte Fehltritte wie dieser hatten auch ihr Positives. Manch ein Kollege begann, seine eigenen Exzesse nach Dienst zu hinterfragen oder sogar einzustellen.

So fiel dann auch die Prüfung sehr gut aus. Von 130 Leuten fielen nur zwei durch. Das war gut so, denn die Polizei brauchte schließlich Nachwuchs. Mayerhofer bestand ebenfalls.

Nach der schriftlichen Abschlussprüfung resümierte er: „Bei mir waren die Antworten genauso dumm wie die Fragen."

Sixpack

Jeder Polizist, der die Ausbildung besteht und für den Dienst in München vorgesehen ist, kommt zur Einsatzhundertschaft. Es handelt sich dabei um eine Bereitschaftspolizei mit Sitz in der Polizeikaserne in der Rosenheimer Straße. Jede Einsatzhundertschaft ist in mehrere Züge untergliedert, jeder Zug in etwa vier Gruppen. Zu den Aufgaben der Beamten gehört es unter anderem, Demonstrationen zu schützen, an Bahnhöfen Personenkontrollen durchzuführen und einzelne Dienststellen bei der Bewältigung von Einsätzen zu unterstützen.

Während meiner Zeit bei der Einsatzhundertschaft versuchten immer wieder Straßenbanden wie die Hells Angels, die Black Jackets und die United Tribuns in München Fuß zu fassen. Man muss es der Münchner Polizei lassen: Derartige Umtriebe wurden im Keim erstickt, sodass es nicht ansatzweise zu ausufernder Gang-Gewalt kam, wie es zum Beispiel in Berlin, Frankfurt am Main oder Teilen des Ruhrpotts aktuell der Fall ist.

Auf Streife ist man in einem VW T5 unterwegs. Da in einem T5 genau sechs Beamte einigermaßen bequem sitzen können, werden diese Fahrzeuge als „Sixpack" bezeichnet. Ein solcher Sixpack wird von einem Gruppenführer geleitet. Dieser sitzt immer auf dem Beifahrersitz und übernimmt auch das Funken. Der Gruppenführer muss mindestens ein Jahr Erfahrung auf einer Dienststelle vorweisen können. Mein Gruppenführer war ein junger Polizist, der von allen schlicht und einfach mit „Bosnier" angeredet wurde, weil seine Eltern jugoslawische Gastarbeiter waren. Er ging den Job mit der nötigen Selbstironie an und schuf somit ein angenehmes Arbeitsklima.

Der Beamte, der in der hinteren letzten Reihe links sitzt, wird „Hili" genannt. Dem Hili wird generell ein starkes Interesse am Nichtstun nachgesagt. Denn wenn der Hili aussteigen will, zum Beispiel bei einer Verkehrskontrolle, müssen gleich zwei Beamte mitaussteigen. Dies führt dazu, dass man den Hili so wenig wie möglich aussteigen lässt.

Gelegentlich übernahm den Part des Hili bei uns ein Kollege aus einer anderen Gruppe. Äußerlich erinnerte er stark an die Figur des hässlichen „Gollum" aus „Herr der Ringe". Da es in anderen Einheiten schon Mobbingfälle gab, und wir nicht ebenfalls in Verdacht geraten wollten, nannten wir ihn einfach „Frodo".

Frodo war Mitte 20 und kam aus Sachsen. Seine Integration war katastrophal gescheitert. Wenn wir ein Weißwurstfrühstück zelebrierten, wurde er irgendwann schon gar nicht mehr gefragt, ob er mitessen wolle. Leberkässemmeln pflegte er als „Fleischkäsebrötchen" zu bezeichnen. Den Weg zur Polizei hatte er über Umwege gefunden. Irgendwie passte er nicht zu uns. Er war wie Boris Palmer bei den Grünen.

Die Anfangszeit bei der Einsatzhundertschaft verlief recht angenehm. Wir befanden uns oft bei Kundgebungen der Kleinpartei „Die Freiheit", gegen die Berufsempörte aber auch viele andere Münchner Bürger aufbegehrten. Oft kam es dabei zu Ausschreitungen und Prügeleien. So zum Beispiel auch bei einer Kundgebung einer rechtsextremen Organisation im Stadtteil Au. Bereits beim Aufstellen der Absperrungen entbrannte eine Straßenschlacht mit den Gegendemonstranten. Eine Kollegin, die eine recht zierliche, kleine Person war, stürzte dabei zu Boden. Eine stadtbekannte Linksextremistin witterte ihre Chance und versuchte, mit dem Fuß gegen den Kopf der jungen Polizistin zu treten. In letzter Sekunde wurde dies von zwei durchtrainierten, bayerischen Zucht-Bullen verhindert.

Als die Kundgebung schließlich vorbei war und die Menge sich auflöste, waren wir alle erleichtert.

„Ich verstehe es einfach nicht!", sagte der Bosnier kopfschüttelnd und kaute zur Beruhigung schwedischen Kautabak. „Ich, als Migrant muss Leute beschützen, die mich am liebsten abschieben würden und deswegen muss ich mich mit linken Chaoten prügeln. Das macht doch alles keinen Sinn!"

Ich muss an dieser Stelle gestehen: Mit uns hatte es der Bosnier auch nicht immer leicht. Eines schönen Tages gammelten wir im Schreibraum der Kaserne herum und unterhielten uns über einen Einsatz ein paar Tage zuvor. Ein Weißrusse hatte im Viertel um den Münchner Hauptbahnhof in einem Stripclub eine Tänzerin mit einem Messer attackiert. Der Amüsierbetrieb hatte danach eher einem Schlachthaus geglichen.

Aus Langweile schrieben wir dann den Sachverhalt einer Körperverletzungsanzeige um. Der Beschuldigte hieß Müller. Wenn in der Anzeige „Herr Müller" stand, tauschten wir das Wort „Herr" mit den Worten „ehrlose Oberdrecksau" aus, sodass im Sachverhalt dann stand: „Die ehrlose Oberdrecksau Müller wurde zur Eigensicherung durchsucht." Wir änderten noch ein paar andere Dinge. Anstatt den Bosnier mit seinem Namen anzuführen, schrieben wir „Polizeiobermeister Langschwanz". Die Anzeige gaben wir beim Bosnier ab und gammelten weiter rum. Wir taten das, um zu überprüfen, ob der Bosnier die Anzeigen überhaupt noch durchlas, bevor er sie unterschrieb und in den Auslauf legte. Bislang waren ihm unsere vulgären Scherze immer aufgefallen und er hatte sich darüber totgelacht.

Dann ertönte es plötzlich: „Ausrücken!!!!!" Alle stürmten zu den Einsatzwägen. Geschlossen fuhren wir mit Blaulicht und Sirene los.

Ich fragte den Bosnier: „Was ist denn überhaupt los?"

„Auf einer türkischen Hochzeit prügeln sich 300 Leute."

Alle waren begeistert: „Yeaaaah, Action!"

Als wir ankamen, hatten diverse Streifenwagen aus mehreren Revieren die Situation jedoch bereits unter Kontrolle. Während meiner Zeit bei der Einsatzhundertschaft war ich auf vielen türkischen Hochzeiten. Eingeladen war ich nie.

Als wir gemütlich in Richtung Kaserne zurückfuhren, fragten wir den Bosnier: „Ist dir bei der letzten Anzeige eigentlich etwas aufgefallen?"

Er schaute uns entsetzt an: „Habt ihr Idioten wieder irgendeine Scheiße reingeschrieben? Ich hab heute verpennt und hatte keine Zeit mehr, sie zu lesen. Hab es deshalb einfach unterschrieben, es liegt im Auslauf und wird in 15 Minuten abgeholt, ihr asozialen Deppen!"

Wir waren etwa 25 Minuten von der Kaserne entfernt. Die Anzeige hätte spätestens bei der Staatsanwaltschaft Fragen aufgeworfen. Unser Fahrer Jochen, der aussah wie ein sadistischer Professor, der im weißen Kittel Tiere quält, leistete ganze Arbeit. Wir fischten den Wisch in letzter Minute aus dem Auslauf. Dieser war 15 Minuten später als sonst geleert worden. Audaces fortuna adiuvat!

Weniger Glück war unserem Kollegen Frodo beschert. Er hatte ein paar freie Tage vor sich und verkündete mit seiner viel zu hohen Eunuchenstimme: „Üsch freu müsch drauf, mir mal wieder rüschtüsch die Hücke züzüsaufen."

Wir wünschten ihm viel Spaß und verabschiedeten uns von ihm. Es war das letzte Mal, dass wir Frodo sahen. Er hatte sich tatsächlich mit Freunden in einer Diskothek getroffen und einiges an Alkohol getrunken. Da es zu seinen Persönlichkeitsmerkmalen zählte, dumme Entscheidungen zu fällen, hatte er sich danach ans Steuer gesetzt und einen Verkehrsunfall verursacht. In seinem Auto fanden Kollegen gestohlene Schusswaffen-Munition, die aus Polizeibeständen stammte. Grundsätzlich muss man sagen, dass es beim Freistaat Bayern nicht gut ankommt, wenn seine eigenen Beamten Straftaten begehen, und so kam es, dass Frodo aus dem Polizeidienst entlassen wurde.

Die guten alten Zeiten

Es war ruhig in jener Nacht und Aumüller schien sich zu langweilen. Um sich die Zeit zu vertreiben, steuerte er den Wagen in Richtung Kunstpark Ost. Hier gab es damals noch jede Menge Nachtclubs und Diskotheken, die nicht unbedingt von Musterknaben und Klosterschülerinnen besucht wurden. Als wir im Schritttempo an einem der Etablissements vorbeifuhren, trommelte ein Schwarzafrikaner gegen unsere Scheibe. Wir stiegen aus, um uns mit ihm zu unterhalten. Fast zeitgleich trafen zwei Kollegen ein, die hier auf Fußstreife unterwegs waren. Der Afrikaner informierte uns wortreich und sehr aufgebracht darüber, dass ihm soeben sein Handy gestohlen worden sei. Die Täter könne er uns zeigen.

Gemeinsam nahmen wir die Verfolgung der flüchtenden Handydiebe auf. Der Afrikaner sprintete dabei etwa einen Meter vor uns. Wie aus dem Nichts tauchte plötzlich ein Mann auf, der aussah wie eine Mischung aus Möbelpacker und Bodybuilder. Er nahm Anlauf und tackelte den Schwarzen in Football-Manier um. Meine Kollegen und ich blieben verdutzt stehen und schauten uns fragend an, während die beiden Männer am Boden rangelten. Wir konnten uns die Situation nicht erklären. Weil wir jedoch nicht tatenlos zusehen wollten, stürzten wir uns gemeinsam auf den Angreifer. Auf ihm lagen 230 Kilo geballte Staatsmacht.

Der Bodybuilder schrie in tiefstem bayrischem Dialekt: „Lasst mich in Ruh', ich wollt' euch doch bloß helfen!"

Der Bodybuilder war Türsteher einer Diskothek gegenüber. Als wir den flüchtenden Dieben hinterhergerannt waren, war der Schwarze vor uns hergelaufen. Der Bodybuilder hatte daraus geschlossen, dass wir ihn verfolgten, und wollte uns zu Hilfe eilen. Der Schwarze war ebenfalls stämmig. Den Aufprall des Bodybuilders werde ich nie vergessen. Wie ein Tsunami, der auf Land trifft.

Nachdem die Sache aufgeklärt und offensichtlich niemand verletzt war, mussten alle Beteiligten wegen des kuriosen Missverständnisses sogar lachen.

Die angeblichen Täter stellten wir eine Straße weiter. Es waren Araber, die kurz zuvor mit dem Afrikaner in Streit geraten waren. Bei der Durchsuchung fanden wir allerdings kein Handy. Der Schwarze gestand zerknirscht, dass er sein Handy ziemlich wahrscheinlich doch verloren hatte.

Aumüller seufzte. Als wir wieder im Wagen saßen, steuerte er diesen missmutig in eine ruhigere Seitenstraße.

Ich nutzte den Moment der Stille, um Aumüller etwas zu fragen, das mich beschäftigte: „Aumüller, vor einiger Zeit hast du zu mir gesagt, das Grundgesetz sei ein sehr kluges Gesetz, aber es wird nicht umgesetzt. Wie hast du das gemeint?"

Aumüller schaute mich an. „Ich hätte da 'ne Gegenfrage, Hammebauer. Was hältst du von Multikulti?"

Ich war von der Frage etwas überrascht und sagte: „Das finde ich schon eine tolle Sache. Ich habe viele ausländische Freunde und meine Freundin hat auch ausländische Wurzeln."

„Da siehst du es! Du und die 26 anderen, ihr seid der Beweis dafür, dass es in Deutschland keine Meinungsfreiheit mehr gibt."

„Welche 26 anderen?", fragte ich verdutzt.

Aumüller erläuterte: „Ich stelle diese Frage schon seit Jahren den jungen Kollegen auf der Dienststelle. Du warst der 27ste. Alle hatten exakt die gleiche Meinung. Wie ist es möglich, dass 27 junge, gebildete Menschen zu einem Thema die gleiche Meinung haben? Könnte es eventuell sein, dass von den 27 Kollegen manche eine andere Meinung hatten, sich aber nicht trauten, diese auszusprechen?"

Ich schwieg und dachte darüber nach.

Aumüller fügte hinzu: „Bitte, versteh mich nicht falsch! Ich bin selbst kein Feind von Multikulti. Meine Freundin Diana heißt mit Nachnamen Nasipova. Sie kommt aus Usbekistan und arbeitet hier in München als Grundschullehrerin."

Ein paar Sekunden Stille.

„Unter Kohl und Schröder gab es noch Meinungsfreiheit. Doch irgendwann im Laufe der letzten Jahre wurde die Meinungsfreiheit abgeschafft."

Aumüller seufzte und begann dann einen ausführlichen Monolog über die guten alten Zeiten. Ich seufzte ebenfalls. Doch ich war selbst schuld. Warum hatte ich auch gefragt ...

Ob früher tatsächlich alles besser war, wage ich zu bezweifeln. Anders war es auf jeden Fall. Sie müssen wissen, dass die Münchner Polizei Ende der 1990er Jahre einen eher fragwürdigen Ruf hatte. Viele Polizisten waren dem Alkohol nicht gerade abgeneigt, und der Sexismus feierte fröhliche Urständ. Doch damit nicht genug. Die Staatsanwaltschaft ermittelte zu jener Zeit gegen mehrere Münchner Beamte wegen Menschenhandels, Geheimnisverrats, Bestechlichkeit und verschiedener weiterer Delikte. Und selbst das war nur die Spitze des Eisbergs. Viele Skandale gelangten gar nicht erst ans Licht. Dazu kam, dass man gewisse Dinge damals entspannter sah als heute. So etwa, als ein junger Kollege in einer Münchner Dienststelle so dilettantisch mit seiner Schusswaffe herumhantierte, dass sich ein Schuss löste. Die Kugel durchschlug das Fenster, das Fenster des Nachbarhauses und blieb in der Wand jener Wohnung stecken. Doch weil die Menschen ehedem noch solidarisch waren und bei Problemen zusammenstanden, einigte man sich untereinander. In der heutigen Hysterie- und Betroffenheitsgesellschaft hätte der Vorfall vermutlich eine Staatskrise ausgelöst.

Neben Zusammenhalt und Kameradschaft stand bei der Polizei zu jener Zeit auch die Gemütlichkeit hoch im Kurs. „Die Weißwurstfrühstücke waren besonders beliebt", erklärte Aumüller mit einem schwärmerischen Gesichtsausdruck. „Es gab Kollegen, die aßen sieben Weißwürste und tranken ein Bier. Es gab aber auch Kollegen, die machten das umgekehrt. Wohlgemerkt, in der Frühschicht."

Dass auch während der Nachtschichten zum Teil ordentlich gebechert wurde, erschien mir nicht weiter verwunderlich. Vermutlich lag es auch am übermäßigen Genuss alkoholischer Getränke, dass die Haftzeit eines Ungarn in einer Gewahrsamszelle einer Münchner Dienststelle ohne jede Absicht um 72 Stunden verlängert worden war. Man hatte den guten Mann übers Wochenende einfach in seiner Zelle vergessen. Das Leben rettete ihm übrigens ein Loch im Boden: Er hatte das Wasser aus der Stehtoilette getrunken.

Da Alkohol nicht nur Konzentration und Gedächtnisleistung senkt, sondern bisweilen auch zu Kreativitätsschüben führt, ersannen die Kollegen allerlei Scherze und Spiele zum Zeitvertreib. Besonders beliebt waren Wettbewerbe, bei denen Mut und die Treffsicherheit unter Beweis gestellt wurden. So etwa jenes Spiel, bei dem sich ein Polizist im Gang der Dienststelle aufstellte und einen Luftballon neben seinen Kopf hielt. Ein anderer Polizist zielte dann mit der Maschinenpistole auf den Luftballon, ohne dabei den Kopf des Kollegen zu treffen. Das Spiel war definitiv nichts für Leute mit schwachen Nerven.

Der Kollege, der sich die Sache ausgedacht hatte, ist mittlerweile bereits in Pension. Bis heute hält er jedoch einen Rekord: Er verzehrte beim Frühstücken in der Dienststelle einmal 17 Weißwürste und neun Brezen!

Dass mittlerweile auf allen bayrischen Dienststellen ein absolutes Alkoholverbot gilt, ist jedoch nicht diesen fragwürdigen Unterhaltungen zu verdanken, sondern den beiden Kollegen Greithanner und Geschwentner. Zwar gab es bereits vor der Aktion der beiden ein Alkoholverbot im Dienst. Aber erst seit jenem denkwürdigen Vorfall darf auch kein Alkohol mehr nach Dienst in den Diensträumen getrunken werden. Ja, es darf nicht einmal mehr Alkohol in Diensträumen gelagert werden.

Wie hatten Greithanner und Geschwentner das fertiggebracht? Nun, beide hatten nach der Arbeit in einem Dienstraum eine größere Menge Bier zu sich genommen. Greithanner lag in Führung, denn er war ausgesprochen trinkfest. Angeblich litt er seit seinem Einsatz im Kosovokrieg an einer Posttraumatischen Belastungsstörung, die er mit großen Mengen Alkohol selbst therapierte. Beide waren sturzbetrunken und bewaffnet, als sie beschlossen, auf das Foto ihres Vorgesetzten zu schießen. Und weil dies ihre Stimmung ganz kolossal hob, ballerten beide frohgemut in die Wände und Decken, bis ihre Magazine leer waren. Es war wie im Wilden Westen.

Verwunderlicher Weise gab es keine Querschläger und niemand wurde verletzt. Greithanner hatte sich im Eifer des Gefechts lediglich sein T-Shirt zerrissen, das war alles.

Die Sache kam auch nur ans Licht, weil sie am nächsten Tag in flagranti von einer Kollegin erwischt wurden, wie sie die Einschusslöcher in den Wänden zuspachteln wollten.

„Der Raum, in dem die Ballerei stattgefunden hatte, befand sich im ersten Stock", erklärte Aumüller kopfschüttelnd. „Der zuständige Dienstgruppenleiter hatte sein Büro im Erdgeschoß und gab an, nichts gehört zu haben. Ist das zu fassen?"

Aumüller lachte.

Die Aktion zog natürlich ein riesengroßes Disziplinarverfahren nach sich und warf die eine oder andere Frage auf. Bei der Anhörung durch mehrere hochrangige Regierungsräte wurde Greithanner gefragt: „Stimmt es, dass Sie dabei ihr T-Shirt zerrissen haben?"

Greithanners Antwort lautete angeblich: „Ja, das stimmt. Aber keine Angst, ich stelle keine Selbstanzeige."

Nun musste auch ich lachen. Irgendwie konnte ich schon verstehen, dass Aumüller der „guten alten Zeit" nachtrauerte. Aumüller hatte Humor und war hart im Nehmen. Vor einiger Zeit hatte er sich beim Hallenfußball das Sprunggelenk, das Wadenbein und den Außenknöchel gebrochen. Seine Teamkollegen boten ihm natürlich an, ihn ins Krankenhaus zu fahren. Doch Aumüller war zu stolz. Er dachte, dass maximal sein Außenband gerissen sei. Er schleppte sich zur U-Bahn und fuhr ganze elf Stationen zum Sendlinger-Tor-Platz. Dort befindet sich die Chirurgische Klinik an der Nußbaumstraße. Um zur Notaufnahme zu gelangen, musste Aumüller durch den sogenannten Nußbaumpark, einen beliebten Treffpunkt für Junkies. Vom Schmerz halb bewusstlos, hüpfte der durchgeschwitzte Aumüller auf einem Bein in Richtung Notaufnahme durch den dunklen Park. Auf einer Bank saßen drei Junkies. Einer von ihnen nickte bewundernd und sagte: „Alter, der hüpft auf einem Bein. Der muss ja auf voll geilem Stoff sein."

Kontaktverbot

Er hieß Can. Can war 1,60 Meter groß und beinahe genauso breit. Er sah aus wie ein riesiger viereckiger Brühwürfel. Natürlich hatte er eine Glatze, wie alle Mini-Muskelprotze. Seine Eltern waren Kurden aus dem Irak. Mit der Kultur seiner Eltern hatte er nicht mehr viel am Hut. Sie hatte ihm lediglich als Ausrede gedient, wenn er sich als Teenager in Diskotheken geprügelt hatte. „Wir sind halt so temperamentvoll", pflegte er dann zu sagen.

Can hatte eine Lehre als Lagerist hinter sich. Mittlerweile war er 30 und hatte Vorstrafen wegen Drogenhandels, gefährlicher Körperverletzung, Diebstahls, Beleidigung und Widerstand gegen Vollstreckungsbeamte. Einmal durfte Can wegen seiner enormen Muskeln in einem Video eines bekannten Rappers im Hintergrund stehen.

Can war mit Hülya zusammen. Hülya sah genauso aus, wie man sich eben eine Hülya vorstellt, weswegen ich mir ihre Beschreibung erspare. Can und Hülya hatten sich bei der Arbeit kennengelernt. Hülya war als Bäckereifachverkäuferin im selben Supermarkt tätig, in dem Can als Lagerist arbeitete. Er machte ihr im Raucherbereich für die Angestellten immer so nette Komplimente. Irgendwann zogen sie dann zusammen in eine Wohnung im Münchner Westend.

Seit fünf Jahren waren sie nun schon zusammen. Die Beziehung war etwas festgefahren. Insgesamt war sie ein Irrtum gewesen. Hülya hatte schon lange den Verdacht, dass Can sie betrog. Er war so gut wie jedes Wochenende mit seinen Freunden Kujtim, Emre und Kevin in der Stadt beim Feiern. Als er dann um 06:00 Uhr früh sturzbetrunken nach Hause zurückkehrte, schlief er sofort ein. Er roch zwar nie nach fremdem Parfum, aber ein paarmal hatte Hülya an Cans Kleidung schwarze Haare gefunden. Sie war sich nicht sicher, ob sie von ihr oder von einer anderen Frau stammten.

An einem regnerischen Samstagmorgen kam Can mal wieder in seinem üblichen Zustand von einer Feiertour nach Hause. In der Küche aß er noch etwas und stieß aus Versehen einen Stuhl um. Hülya wachte dadurch auf, drehte sich aber noch einmal um. Dann kam Can wie eine Lokomotive schnaufend ins Schlafzimmer und legte sich neben Hülya. Er war so müde, dass er nicht einmal seine weiße Strickjacke auszog. Er lag auf dem Rücken. Hülya blickte auf seinen massigen Körper. Can hatte es auch nicht mehr geschafft, seinen Gentlemans-Hut abzunehmen. Dann bemerkte sie es. Ein langes, schwarzes Haar hatte sich in Cans weißer Strickjacke verfangen. Jetzt reichte es ihr.

„Du sagst mir jetzt sofort, wo du warst und vor allem mit wem!", herrschte sie ihn an.

Can murmelte schlaftrunken: „Was war ich mit wem?"

„Du sagst mir sofort, wo du warst und mit wem!", wiederholte Hülya gereizt. Sie zeigte auf seine Brust. „Das Haar wird kaum von selbst auf deine Jacke gekommen sein!"

Aufgebracht fragte Can: „Schatz, willst du mich eigentlich verarschen? Du hast schwarze Haare und dieses Haar ist schwarz, also wird es wohl dein Haar sein!"

„Ich bin aber nicht auf dir gelegen!", schrie Hülya ihn an.

Can: „Die Jacke habe ich seit Donnerstag an. Das Haar ist von dir! Es lag bestimmt auf der Couch und hat sich gestern Abend dort in meiner Jacke verfangen! Du verlierst in letzter Zeit mehr Haare als ein Hund!" Daraufhin eskalierte der Streit.

Kurze Zeit später funkte uns die Einsatzzentrale an „Schauen Sie mal in die Gollierstraße. Da ruft eine Hülya Azadpour an. Die wurde von ihrem Freund geschlagen und wartet vor der Tür."

Der Funkspruch kam gerade rechtzeitig. Wir waren damit beschäftigt, eine Anzeige, umzuschreiben, in der auch unsere eigenen Personalien erfasst waren. Im Feld

„Beruf" löschten wir das Wort „Polizeivollzugsbeamter" und schrieben stattdessen „Pornodarsteller". Auch in den Sachverhalt schrieben wir allerlei Sachen von „herumejakulierenden Zeugen".

Als wir im Sixpack in Richtung Gollierstraße ausrückten, erzählten wir dem Bosnier vorsichtshalber von unserer kreativen Anzeigenbearbeitung. Diesmal lachte er nur und sagte: „Ihr Deppen, seit diesem Malheur letztens lese ich mir die Anzeigen tatsächlich ziemlich gründlich durch!"

Der Bosnier war schwer in Ordnung. Jeder wusste, dass er Wörter wie „Depp" oder „Idiot" nicht böse meinte.

Wir fuhren mit Blaulicht und Sirene. An der Eingangstüre eines typischen Münchner Altbaus, wartete die weinende Hülya auf uns.

Der Bosnier fragte: „Sind Sie verletzt, soll ich einen Rettungswagen verständigen?"

„Nein. Er ist oben im Schlafzimmer. Er hat mir voll aufs Ohr gehauen!"

Zwei Kollegen blieben bei Hülya und kümmerten sich um sie. Wir anderen gingen die knarzenden, alten Holztreppen in den dritten Stock hinauf.

Can saß in der Küche auf einem Stuhl. Er war so weit kooperativ. Zur Sicherheit durchsuchten wir ihn, fanden aber nichts. Can sagte nur aus, dass er Hülya von sich weggeschubst habe.

Hülya wurde dann von mir als Zeugin vernommen. Ich wollte von ihr wissen, was passiert war, doch Hülya war sehr redselig und erzählte mir alles, was sich seit ihrer Geburt in ihrem Leben zugetragen hatte.

Can musste die Wohnung verlassen, weil Hülya das so wollte. Dafür gibt es eine simple Faustregel: „Wer schlägt, der geht."

Es wurde ihm außerdem ein zehntägiges Kontaktverbot auferlegt. Während dieser Zeit war es ihm untersagt, an Hülyas Arbeitsplatz aufzutauchen oder sie per Handy zu kontaktieren.

Can durfte noch ein paar Dinge aus seiner Wohnung mitnehmen. Wir gaben Hülya ein Informationsblatt für Opfer häuslicher Gewalt. Anschließend gingen wir mit Can nach unten. Wir erklärten ihm, dass er mit Hülya zehn Tage nicht in Kontakt treten dürfe. Man merkte, dass Can noch betrunken war.

In meiner Gruppe war auch ein Kollege namens Fabio. Er hatte italienische Wurzeln. Can provozierte Fabio, indem er ihn minutenlang, ohne Unterbrechung, anstarrte.

Polizeimeister Fabio fragte: „Ist was?"

„Mit was?", fragte Can.

„Mit irgendwas?", meinte Fabio und zuckte mit den Achseln.

„Sie wollen von mir wissen, ob was mit irgendwas ist?", fragte Can.

Er war schlagfertig.

„Wie sieht's eigentlich mit einer Dienstaufsichtsbeschwerde aus? Sie haben doch bestimmt so ein Formular dabei?"

Fabio sagte: „Ja natürlich haben wir so ein Formular dabei, ich muss es nur in meine unsichtbare Schreibmaschine eintippen."

Fabio machte Tippbewegungen in der Luft. Den Witz hatte er aus der Zeichentrickserie „Die Simpsons".

„Okay", sagte der Bosnier und klatschte die Hände zusammen. „Sie wissen Bescheid. Wenn Sie gegen das Kontaktverbot verstoßen, müssen Sie damit rechnen, dass wir Sie in Gewahrsam nehmen."

Can grummelte nur „jaja" und ging weg. Er drehte sich nochmal um. „Wo soll ich denn jetzt überhaupt pennen, Mann?"

Der Bosnier meinte achselzuckend: „Keine Ahnung. Rufen Sie sich doch ein Taxi und fahren Sie ins Hotel!"

„Von welcher Kohle denn, Mann?"

„Dann penn halt bei'nem Kumpel", schlug der Bosnier vor.

Can machte nur „Pfff" und ging endlich weg.

Hülya schlief an diesem Tag bis Mittag. Als sie aufwachte, hatte sie eine WhatsApp-Nachricht von einer unbekannten Nummer: „Hey" und ein Zwinkersmiley. Sie legte das Handy weg und machte die Augen nochmal zu.

Lochschwager und Teilzeithelden

Meine Zeit bei der Einsatzhundertschaft neigte sich dem Ende zu. Im Keller der Kaserne zog ich mich um. Man muss sich die Umkleiden etwa so vorstellen: Metallschränke aus den 1970er Jahren mit diversen Aufklebern, wie zum Beispiel „ACAB. All Cops are bärtig" oder „Club der alten Säcke".

Es hängen mehr Poster von nackten Frauen an den Wänden als manche Dienststellen Kolleginnen haben. Es mieft unglaublich ranzig. Wenn Sie denken, Sie hätten viel Staub gesehen, waren Sie noch nie bei uns im Keller. Da die Umkleiden nie saniert und selten gelüftet werden, hängt in der Luft noch etwas von der alten Zeit. Mein Kollege Fabio war ebenfalls in der Umkleide.

„Was ich dir noch erzählen wollte", begann er.

Ich drehte mich zu ihm um: „Ja?"

„Du kannst dich doch bestimmt an den Einsatz mit Can und dieser Hülya erinnern?"

„Klar. Kam wegen der Sache nochmal was?", fragte ich.

„Ja", sagte Fabio und grinste. „Im wahrsten Sinne des Wortes."

Ich guckte ihn fragend an.

„Can und ich sind jetzt Lochschwager", sagte Fabio. „Ich habe Hülya noch am gleichen Tag geschrieben, die Handynummer stand ja in der Anzeige drin. Sie ist voll drauf eingestiegen. Die Alte war sexuell ausgehungert wie der Papst und ist komplett eskaliert."

„Hattest du nicht Angst, dass dieser Can das rauskriegt? Der wiegt immerhin mindestens 110 Kilo!", fragte ich verwundert.

„Ein bisschen schon. Aber der Protein-Primat hatte ja ein Kontaktverbot zu ihr", antwortete Fabio und grinste.

Lassen Sie mich an dieser Stelle kurz den Begriff Lochschwager erklären. In gewissen Kreisen nennt man Männer, die mit der gleichen Frau Sex hatten, „Lochschwager". Ob der Akt gleichzeitig oder zeitlich versetzt stattfindet, spielt dabei keine Rolle. Boris Becker und Oliver Pocher sind zum Beispiel Lochschwager. Ob der Baseballstar Joe di Maggio und John F. Kennedy Lochschwager sind, nahm Marylin Monroe mit ins Grab. Ich persönlich vermute stark, dass Charlie Sheen und Donald Trump auch Lochschwager sind. Das Wort Lochschwager steht übrigens im Duden. Das Wort „vergenüsslichen" bislang nicht. Mehr dazu später.

Fabio war bester Laune und wollte noch ein wenig feiern. So gingen wir zusammen mit ein paar anderen Kollegen noch ins Landmarktl, eine nette Münchner Kneipe, die es inzwischen leider nicht mehr gibt. Im Landmarktl tummelten sich allerlei zwielichtige Gestalten: Grattler, Gauner, Ganoven, Glücksspieler, Kleinkriminelle und Prostituierte – und manchmal eben auch Polizisten. Das Landmarktl wurde in Polizisten- und Kriminellenkreisen immer nur „Bangladesch" genannt. Warum das so war, habe ich nie herausgefunden. Dass sich im Bangladesch Polizisten nach Dienst mit Leuten aus der Unterwelt freundschaftlich unterhielten, war keine Seltenheit. Schließlich erlebte man beruflich recht ähnliche Dinge.

Stammgast im Bangladesch war ein Polizist namens Tschechen-Hias (mehr zu seinem Spitznamen später), den ich ein Jahr später ziemlich gut kennenlernen sollte. Irgendwann saß er bei uns am Tisch. Die Wirtin – sie war über 60 Jahre alt und nicht eben zart gebaut – bezeichnete er als „Zammgesoffene Cognac-Lätschn" und „vollgeschissenen Lederstrumpf", was aber nicht weiter auffiel, da der Ton im Bangladesch ohnehin recht rau war.

Den Herren an der Bar präsentierte die Wirtin oft stolz ihre nackten Brüste. Das Problem war, die Brüste hingen bis zu ihrem Bauchnabel. Sie sahen aus wie alte Feuerwehrschläuche, die man zum Trocknen aufgehängt hatte.

Tschechen-Hias schrie von unserem Tisch aus: „Pack die Dinger wieder ein!", während ein junger Kollege rasch ein paar Fotos machte.

Die Buchführung erfolgte im Bangladesch noch nicht elektronisch. Für jedes getrunkene Bier machte die Wirtin einen Strich auf den Bierdeckel des Gastes. Sie hob über das Jahr sämtliche dieser Bierdeckel auf. Insgesamt müssen es mehrere Tausend gewesen sein. Am Ende des Jahres gab sie die Säcke voller Bierdeckel dann ihrem Steuerberater.

Wenn man im Bangladesch einen Entlassungsschein von einer Justizvollzugsanstalt vom gleichen Tag vorweisen konnte, bekam man ein Freibier. Das galt für sämtliche Knäste weltweit. An jenem Abend streckte Bogdan aus Bosnien der Wirtin einen italienischen Entlassungsschein entgegen. Die Wirtin verstand nicht. Bogdan bestand auf seinem Recht und die Wirtin übersetzte den Schrieb mit Hilfe von Google. Bogdan bekam das Freibier. Dies veranlasste ihn dazu, elf weitere Halbe zu trinken. Irgendwann saß Bogdan bei uns am Tisch. Tschechen-Hias arbeitete manchmal schwarz in der Firma seines Schwagers. Eigentlich war es keine Schwarzarbeit, weil er eher selten Geld annahm und wenn, dann nur kleine Beträge. Bogdan war ein erfahrener Schwarzarbeiter, und er unterhielt sich angeregt mit Tschechen-Hias. Tschechen-Hias' Englisch war legendär. Zu Bogdan sagte er: „Tomorrow I do a little bit of blackworking, but dont tell sis to se Hauptzollamt."

Später gesellte sich noch ein riesiger, 52-jähriger Österreicher zu uns. Er erzählte in breitem Wiener Dialekt, dass er gerade eine Scheidung hinter sich habe und den Unterhalt für seine Tochter nicht mehr zahlen könne. Er sagte: „Deswegen war ich drei Wochen in St. Adelheim."

Ich schaute ihn fragend an: „St. Adelheim? Sie waren drei Wochen im Kloster?"

Es war ein Witz. Er meinte die Münchner Justizvollzugsanstalt Stadelheim. Es machte auch Sinn, schließlich trank er ebenfalls ein Freibier. Er erzählte mir später noch, wie die Häftlinge mit ihren Verwandten und Freunden draußen kommunizieren. Handys werden schließlich konfisziert und Briefe abgefangen und gelesen. Sie würden nicht draufkommen, obwohl es so einfach ist: über RTL Teletext.

Er berichtete mir auch, dass gegen ihn einmal wegen Steuerhinterziehung ermittelt wurde. Die Summe, um die es ging, war so hoch, dass eine Haftstrafe wahrscheinlich war. Geld für einen guten Anwalt hatte er nicht. Er musste das Verfahren irgendwie hinauszögern, um Geld zu sparen.

Seine damalige Frau, die er immer „Mizi" nannte, kam aus Serbien. Ihre restliche Familie wohnte in Belgrad. Deshalb hatten er und seine Mizi für dieses Land auch eine Telefonflatrate. Von früheren Verfahren wusste er, dass die Kripo ziemlich wahrscheinlich sein Haustelefon abhörte. Während der Österreicher tagsüber arbeitete, ließ er seine Mizi über Wochen hinweg jeden Tag zirka acht Stunden auf Serbisch mit ihren Verwandten telefonieren. Die Kripo musste sich alles übersetzen lassen und durchlesen. Da die Kripo-Leute natürlich mehrere Fälle gleichzeitig zu bearbeiten hatten, schaffte es der Österreicher tatsächlich, das Verfahren um neun Monate hinauszuzögern. In dieser Zeit sparte er etwa 7.000 Euro für einen guten Advokaten. Diesem gelang es, dass er nur zu einer Bewährungsstrafe verurteilt wurde.

Der Österreicher erzählte mir noch, dass seine Mizi einmal deswegen ganze zehn Stunden mit ihrer Schwester telefoniert hatte. Als er von der Arbeit heimkam, fragte er: „Na, Mizi, was hat deine Schwester so erzählt?"

Mizi erwiderte: „Gar nichts. Sie hat nur zugehört."

Der findige Gauner aus Wien wusste auch gut um die Probleme Bescheid, mit denen wir Polizisten in Deutschland zu jener Zeit zu kämpfen hatten: Es kam damals nämlich im ganzen Land zu einer Serie von Einbrüchen in Häusern und Wohnungen. Die Täter waren oftmals professionelle Banden aus dem Balkan, aber auch aus Ländern wie Georgien. Die Polizei wurde heftig kritisiert, weil nur jeder zehnte Einbruch aufgeklärt werden konnte. Und selbst wenn die Identitäten der Täter im Nachhinein geklärt werden konnten, waren diese längst wieder in ihrem Heimatland und nicht länger greifbar. Festnahmen auf frischer Tat waren die Ausnahme der Ausnahme.

Der Österreicher seufzte und schüttelte bedauernd den Kopf. Dies hob nicht gerade unsere Stimmung. Der Druck durch Vorgesetzte, übereifrige Journalisten und eine aufgebrachte Öffentlichkeit war schlimm genug. Dass wir jetzt schon Mitleid bei den zwielichtigen Gästen des Bangladesch erregten, war zu viel.

Schon ein paar Tage darauf sollte sich das Blatt jedoch wenden. In jener Nachtschicht fuhren wir im Sixpack Streife im bürgerlichen Stadtteil München-Bogenhausen. Da es ein Wochentag war, kam es zu keinem einzigen Einsatz. Wir gingen deshalb zu dritt Fußstreife. Zigarre rauchend und Witze machend, schlenderten wir in einen dunklen Hinterhof, weil wir hofften, dort eine Bank zum Ausruhen zu finden. Auf einem Parkplatz des Hinterhofs stand ein Pappkarton, auf dem geschrieben stand: „Hier darf wegen eines Umzugs nicht geparkt werden."

Einer meiner Kollegen kickte den Karton zur Seite und sagte: „Ich hasse diese Deppen, die Parkplätze blockieren!"

Es war ein großes Glück, dass er das tat, denn daraufhin ging automatisch das Licht an und erhellte die Szene wie ein Bühnenscheinwerfer zu Beginn eines Theaterstücks. In dem Hinterhof befand sich ein Friseursalon, an dessen Tür eine Gestalt mit einem Schraubenzieher hantierte. Ein Einbrecher! Nach einem durchaus formidablen Handgemenge mit dem kräftig gebauten Kerl, nahmen wir ihn fest.

Er war ein Serieneinbrecher mit mehreren offenen Haftbefehlen, übrigens ein Deutscher ohne Migrationshintergrund.

Selbstverständlich erzählten wir, dass wir den Hinterhof gezielt kontrolliert hätten, um Jagd auf Einbrecher zu machen. Für ein paar Tage waren wir Helden. Der Polizeipräsident persönlich rief bei unserem Zugführer an, um sich zu bedanken. Endlich, nach Monaten des Wartens und der schlechten Berichterstattung, konnte man der Presse die Festnahme eines Serieneinbrechers auf frischer Tat präsentieren.

Nicht auf alle machten wir jedoch einen heldenhaften Eindruck: Am letzten Tag in der Einsatzhundertschaft bat ich den Bosnier darum, im Einkaufszentrum „Pasing-Arcaden" mit zwei Kollegen Fußstreife gehen zu dürfen. Vor dem Haupteingang rauchten wir genüsslich unsere Zigarren. Vielleicht wirkten wir damals mit unseren zackigen Kurzhaarfrisuren und den schweren, schwarzen Polizei-Lederjacken, in denen wir recht stämmig aussahen, auf manche Personen etwas bedrohlich oder aggressiv.

„Grüß Gott, die Herren!", sprach uns deshalb auch schon bald ein Mitarbeiter der Security an. „Gerade hat sich eine verängstigte, alte Dame an mich gewandt. Sie meinte, dass hier drei verdächtige Typen herumlungern würden. Sie würden Polizeiuniformen tragen, aggressiv schauen und dabei Zigarren rauchen. Sie war überzeugt, dass es keine echten Polizisten sein könnten. Ich hab euch dann ein wenig beobachtet und bei genauerer Betrachtung sieht man schon, dass ihr echt seid. Kommt's, ich spendier euch einen Kaffee!"

Dos Problems

Dass die deutsche Polizei im Vergleich zu anderen Ländern unvergleichlich besser abschneidet, wurde mir während eines Urlaubs in der Dominikanischen Republik bewusst. Ich war mit meinem guten Freund Joe unterwegs, und wir beide waren der Meinung, dass ich nach meiner Zeit in der Einsatzhundertschaft eine kleine Auszeit verdient hatte.

Wir fuhren mit einem Mietwagen durch die Hauptstadt Santo Domingo, eine laute, chaotische Stadt mit mehr als drei Millionen Einwohnern. Ich saß am Steuer. Seit mein Kumpel während eines gemeinsamen Balkanurlaubs aus unbekannten Gründen von der Fahrbahn abgekommen war und den Wagen in ein Bachbett gesetzt hatte, fühle ich mich neben ihm auf dem Beifahrersitz etwas unwohl.

Joe sagte: „Wenn wir heute den Weg eines Gesetzeshüters kreuzen, machst du nichts, bevor ich irgendwas tue."

Wir lachten. Es war ein Zitat aus dem Film *Pulp Fiction*. Dann wurde er kurz ernst: „Nein, wirklich! Sprich bloß keinen Cop an, die sollen hier üble Typen sein, habe ich gelesen."

Es hatte 40 Grad, die Sonne prallte gnadenlos auf unser Auto und zu allem Überfluss hatten wir uns verirrt. Wir kamen zu einer Kreuzung, auf der zwei grimmig dreinschauende Polizisten den Verkehr regelten. Auf der Straße herrschte ein fürchterlicher Tumult. Ich fuhr in die Kreuzung ein, blieb kurz bei dem Polizisten stehen und fragte ihn nach dem Weg ins Stadtzentrum. Der Polizist schaute uns böse an und winkte uns nur weiter.

Kurze Zeit später verfolgten uns zwei Männer auf einem Motorrad. Sie schrien uns an und forderten uns durch Gesten auf, stehen zu bleiben. Wir gaben Gas. Das Motorrad überholte und bremste direkt vor unserem Auto so stark ab, dass der Hinterreifen abhob. Ich war gezwungen, eine Vollbremsung hinzulegen. Erst als unser Wagen zum Stehen kam, erkannten wir es: Die Männer waren bewaffnet!

„Verdammt, das wird ein Drive-by-Shooting!", schrie Joe nervös. „Fahr los!"

Doch dann: Erleichterung! Es waren Polizisten, wir hatten die Uniformen nicht erkannt. Es waren genau jene unfreundlichen Ordnungshüter, die kurz zuvor an der Kreuzung den Verkehr geregelt hatten. Einer positionierte sich rechts neben unserem Fahrzeug, der andere kam mit ernster Miene auf mich zu. Der Polizist rechts trug eine Schrotflinte, der andere eine verspiegelte Sonnenbrille. Ich händigte ihm unaufgefordert alle Dokumente aus.

Er schnauzte mich an: „Dos Problems" und erklärte in einer Mischung aus ziemlich schlechtem Englisch und Spanisch, dass ich über eine rote Ampel gefahren und auch nicht angeschnallt gewesen sei. Ich beriet mich mit meinem Reisepartner. Wir waren uns beide sicher, über keine rote Ampel gefahren zu sein. Angeschnallt war ich auch.

Der Polizist stellte uns vor die Wahl: Wir sollten wegen der beiden Verkehrsverstöße ein „ticket" von umgerechnet 80 Euro bezahlen. Andernfalls würden sie unser Auto beschlagnahmen und uns in eine Sammelzelle stecken, in der weiße Menschen in der Hierarchie nicht unbedingt ganz oben stünden.

Ich sagte dem Mann, dass ich ein deutscher Polizist sei und gerne seinen direkten Vorgesetzten sprechen würde. Doch er hielt nichts von internationaler Zusammenarbeit und erklärte mir nicht eben freundlich, dass es einen solchen „Bullshit" wie die Hinzuziehung eines Dienstvorgesetzten in diesem Land nicht gäbe.

Inzwischen war ich etwas gereizt und sagte ihm, dass ich das Geld nur zahlen würde, wenn ein Angehöriger der Deutschen Botschaft anwesend wäre. Dies wiederum machte meinen Kollegen aus der Dom-Rep nervös. Der Mann war einen Kopf kleiner als ich und dazu recht mager. Ich hatte mich bereits abgeschnallt und mein Kumpel packte mich an der Schulter.

Dann tat der Polizist das, was ich nicht einmal einem korrupten Dom-Rep-Cop zugetraut hätte. Langsam zog er mit seiner rechten Hand seine Dienstwaffe und hielt sie mir an die Stirn. Diesem durchschlagenden Argument hatte ich nichts entgegenzusetzen.

In all den Jahren bei der Polizei war ich nie mit einer Schusswaffe bedroht worden. Jetzt wurde ich es. Privat. Von einem Polizisten.

Mit einer Waffe bedroht zu werden, ist ein Gefühl, das sich nur schlecht beschreiben lässt. Ich war wie gelähmt. Um mich herum war es plötzlich still. Ich spürte den Lauf und roch sogar das Waffenöl.

Mit zittrigen Händen übergab ich ihm die Scheine, die mein Beifahrer mir in die Hände gedrückt hatte. Der Polizist nahm das Geld, schwang sich aufs Motorrad und zog mit seinem Kollegen schleunigst wieder von dannen, denn um uns herum bildete sich bereits eine Menschentraube, die dieses interkulturelle Treffen der besonderen Art aufmerksam verfolgte.

Ich schaute nach rechts: Joe war von oben bis unten durchgeschwitzt und sagte mit ernstem Blick: „Glück gehabt!"

Den Vorfall mussten wir erst einmal in der nächsten Schankwirtschaft bei einem eiskalten „Cerveza de Republica Dominicana" verdauen.

Es dauerte eine Weile, bis sich mein Puls wieder beruhigte und mein Blutdruck seinen Normalwert erreichte. Und ich kann Ihnen versichern: Den restlichen Urlaub habe ich keinen Polizisten mehr nach dem Weg gefragt.

Der tägliche Wahnsinn

Nach meiner Zeit bei der Einsatzhundertschaft kam ich auf eine Polizeiinspektion in der Münchner Innenstadt, die aufgrund ihrer Nähe zum gleichnamigen Fluss schlicht „Isarwache" genannt wird. Der Begrüßungsvortrag wurde von einem hochrangigeren Beamten gehalten. Der gute Mann litt vermutlich an Narkolepsie und hatte es sich zum Ziel gesetzt, auch alle seine Zuhörer in Tiefschlaf zu versetzen. Etwas munterer wurde er erst, als er sich über das Erscheinungsbild mancher Polizisten äußerte: „Sie glauben nicht, was ich letztens erleben musste!", erklärte er mit gut einstudierter Leichenbittermiene. „Ich war mit meiner Frau in den Pasing-Arcaden. Dort kamen mir drei Kollegen entgegen. Die sahen fürchterlich aus! Alle drei hatten die gleiche, aggressive Kurzhaarfrisur und offene Lederjacken! Wie brutale Rocker! Noch dazu haben sie vor dem Eingang Zigarren geraucht! Ich kann wirklich nur hoffen, dass das keine Münchner Polizisten waren, sondern Fremdkräfte, die im Moment wegen der Sicherheitskonferenz in der Stadt sind."

Ich wechselte einen Blick mit meinen zwei Streifenpartnern, mit denen ich vor den Pasing-Arcaden eine Zigarre genossen hatte. Wir bemühten uns krampfhaft um einen neutralen Gesichtsausdruck. Der Vortragende hatte uns zum Glück nicht wiedererkannt.

Die Isarwache befindet sich in einem beeindruckenden Gebäude aus dem frühen 20. Jahrhundert. Wer hier als Polizist arbeitet, schiebt Überstunden, bis er wegen Schlafmangels doppelt sieht und seine Kopfschmerzen nur mit Ibuprofen bändigen kann. Sich darüber aufzuregen, bringt allerdings wenig. Beschwerden und Anregungen der einfachen Streifenbeamten „versickern" in der Regel auf dem Weg zur Führungsetage.

Mein persönlicher Rekord liegt bei elf Nachtschichten hintereinander. Es gibt einige Kollegen, die bis zu 500 Überstunden vorweisen können. Den Rekord hält ein Beamter mit 1.160 Überstunden.

Das Arbeitspensum mag insofern überraschen, als im 5,1 km^2 großen Einzugsbereich der Isarwache nur etwa 60.000 Menschen leben. Doch muss man bedenken, dass weitere 100.000 Mitbürger hier ihrer Arbeit nachgehen. Dazu kommen Tausende Leute aus der Party- und Eventszene sowie unzählige Touristen, die jedes Wochenende in die Münchner Innenstadt strömen, um sich in den Bierhallen, Diskotheken, Wirtshäusern, Kneipen und Cafés zu vergnügen.

Die meisten Einsätze tagsüber sind Ladendiebstähle, Verkehrsunfälle, Streitigkeiten zwischen Bürgern, manchmal auch kleinere Schlägereien, meist zwischen Betrunkenen oder Obdachlosen. Anders sieht es während der Nachtschichten am Wochenende aus: Dann rast man von Randale zu Schlägerei und von Schlägerei zu Randale. Unterbrochen wird diese Routine nur von der einen oder anderen Messerstecherei.

Für uns Streifenbeamtinnen und -beamten bedeuten die Nachtschichten vor allem eines: Selbsterfahrung.

Man wird dumm angeredet, geschlagen und bespuckt, man wird getreten, gebissen und gekratzt. Ständig ist man in Alarmbereitschaft und sehr oft hat man Angst. Auf der anderen Seite macht das Adrenalin auch süchtig. Sich mit Leuten prügeln zu dürfen und dafür auch noch besoldet zu werden, ist für erlebnisorientierte Menschen in der Gesamtschau keine uninteressante Sache.

Die Straftäter, mit denen ich es während meiner Zeit bei der Isarwache zu tun hatte, kamen aus allen Ecken und Enden der Welt. Allzu oft hatte ihr Verhalten keine Konsequenzen, denn die Staatsanwaltschaften sind völlig überlastet. Das weiß niemand besser als die ständig wachsende Gruppe jugendlicher Intensivstraftäter. Zwischen der Begehung ihrer Straftaten und einer Gerichtsverhandlung liegt in der Regel ein Jahr. Oftmals werden die Verfahren einfach eingestellt. Für so manchen jungen Menschen wirkt dies wie eine Art Freifahrtschein, Straftaten zu begehen. In besonderer Erinnerung ist mir ein 17-jähriger Eritreer, der unbegleitet als Asylbewerber nach Deutschland gekommen war. Er hatte es innerhalb kürzester Zeit in die Intensivtäterliste geschafft und war öfter auf der Isarwache anzutreffen als so mancher Kollege.

Kriminelle mit mehr als 100 Einträgen in ihrer Strafakte – darunter auch schwere Delikte wie Einbruch oder gefährliche Körperverletzung – sind keine Seltenheit. Dennoch haben viele von ihnen noch nie eine Justizvollzugsanstalt von innen gesehen, weil immer wieder Bewährungsstrafen verhängt werden.

Andererseits ist ein Aufenthalt in der Justizvollzugsanstalt noch lange keine Garantie für Einsicht oder gar Besserung. Im Gegenteil: Viele deutsche JVAs sind regelrechte Ausbildungsstätten für Kriminelle. Man lernt dort, wie man Einbrüche begeht oder alte Leute abzockt. Man erfährt, an wen man sich wenden muss, wenn man eine Karriere als Drogenkurier anstrebt.

Während der Haft an Drogen zu kommen, scheint auch nicht weiter schwierig zu sein. Viele Junkies erzählten mir, dass sie erst im Knast (also im Gewahrsam des Staates!) süchtig wurden.

Etwa an jedem vierten Arbeitstag haben die Beamten meiner Inspektion Wache. Der Wachbeamte ist dafür zuständig, Anzeigen von Bürgern entgegenzunehmen und im Computer zu erfassen. Meist sind es Fund- oder Verlustanzeigen, oft auch Anzeigen wegen Körperverletzung. Relativ häufig wollen Bürger außerdem Verkehrsunfallfluchten anzeigen. Die Wachen sind oft heillos unterbesetzt. Manchmal bilden sich regelrechte Schlangen vor der Dienststelle. Man muss Leute vernehmen und plärrende Gefangene beruhigen, die Kollegen auf der Wache „zwischengeparkt" haben, weil die Zellen überfüllt sind. Dazu klingelt ohne Unterbrechung das Telefon.

Sicher kennen Sie den allseits beliebten Spruch: „Es gibt keine dummen Fragen." Ich kann Ihnen versichern: Kein Mensch, der als Polizist Wache geschoben und Telefonanrufe von aufgebrachten Bürgern entgegengenommen hat, würde diesen Spruch verwenden.

Nach einer achtstündigen Wache an einem verregneten Montag fragte mich ein mitfühlender Kollege, wie es denn gewesen sei. Ich antwortete ihm wahrheitsgemäß: „Ich hatte zum Essen und zum Scheißen genau 1,5 Minuten."

Was sich lapidar (und zugegebenermaßen etwas unfein) anhört, war bittere Realität. So ging es über Jahre.

Als eines schönen Tages wieder einmal die Zellen überfüllt waren, wurde ein schreiender Gefangener auf einen Stuhl in die Wache gesetzt. Irgendwann hörte er auf zu brüllen, grinste mich breit an und nässte sich ein. In der Wache bildete sich eine Pfütze. Diese wischte ich auf. Ich ging mit dem Eimer, dem Putzlumpen und dem Wischmopp den Gang entlang. Ein Kollege fragte mich ironisch: „Oh, sind Sie etwa neu hier?"

Wenn Bürger auf der Wache eine Strafanzeige erstatten, werden sie in der Regel dazu noch vor Ort vernommen. Sie müssen Namen, Vornamen, Geburtsdatum und -ort, Adresse und Staatsangehörigkeit angeben. Die Fragen nach Beruf, Familienstand und Telefonnummer sind freiwillig. Bei Beruf wird es oft besonders interessant. Oft sagten Leute: „Gute Frage, äähhhh, ich weiß nicht. Ähhh, selbstständig." Das waren die Hartz-IV-Empfänger.

Rechtsanwälte scheinen besonders stolz auf ihren Beruf zu sein, denn sie erwähnten diesen meist bereits, bevor man sie danach fragt. Ein ungepflegter, etwas streng riechender Herr gab als Beruf einmal „Wanderdichter" an.

Eine Frau sagte mir, sie sei „freiberufliche Orgasmus-Trainerin für selbstbestimmte Frauen". Ich gab ihren Namen bei Google ein. Sie bot tatsächlich entsprechende Kurse an.

Ein Mann gab als Beruf „Paar- und Ehe-Therapeut" an. Bei der Frage nach dem Familienstand sagte er seufzend: „Geschieden."

Fünf Berufe, die es bis vor Kurzem so noch überhaupt nicht gab, erfreuen sich übrigens großer Beliebtheit und werden immer häufiger angegeben. Es sind dies: „Greenkeeper", „Erlebnis-Gastronom", „Wedding-Planner", „Eventmanager" und „Life Coach". Da gefällt mir persönlich „Wanderdichter" wesentlich besser.

Übrigens scheinen Polizeiwachen verwirrte und kognitiv beeinträchtigte Menschen magisch anzuziehen. Die meisten von ihnen leiden an einer durch Drogenmissbrauch ausgelösten paranoiden Schizophrenie. Sie kommen zu sämtlichen Tages- und Nachtzeiten und wollen meist die CIA oder den BND anzeigen, da diese Behörden ihre Gedanken kontrollieren würden. Einer dieser Verrückten wollte Angela Merkel anzeigen, da sie seine DNA beeinflussen würde.

Aus persönlichem Interesse hatte ich mir während einer Spätschicht einmal die Mühe gemacht und mitgezählt: Von elf Bürgern, die an diesem Tag zwischen 12:00 und 20:00 Uhr auf die Isarwache kamen und Anzeige erstatten wollten, waren acht bereits wegen Gewaltdelikten in der Psychiatrie gewesen. Wenn man diese Leute wegschicken will, weil die Geschichten offensichtlich erfunden sind, werden sie nicht selten aggressiv.

Irrsinnig sind aber nicht nur die Ansinnen mancher Mitbürger. Irrsinnig ist auch der Papierkrieg, dem manche Polizistinnen und Polizisten in München ausgesetzt sind. Bei „Alleinunfällen", also selbstverschuldeten Verkehrsunfällen ohne Unfallgegner, bei denen weder Alkohol noch Drogen im Spiel sind, muss in München die Polizei ausrücken.

Der Klassiker: Ein Fahrradfahrer, der eigenverschuldet stürzt und sich das Knie aufschlägt. Dies ist nun eigentlich keine Sache für Sicherheitsbehörden. Dennoch müssen wir Polizistinnen und Polizisten in seinem solchen Fall den Fahrradfahrer vernehmen, Lichtbilder anfertigen und, wenn ein Rettungswagen hinzugezogen wurde, sogar ins Krankenhaus hinterherfahren. Auf der Dienststelle muss dann eine Verkehrsunfallanzeige erfasst werden. Diese beinhaltet drei Seiten mit sämtlichen Informationen über den Unfall, einen Sachverhalt, eine Lichtbildtafel mit Bildern des Verunfallten und des Fahrrads und eine Skizze des Unfallorts. Vor allem zu Hauptverkehrszeiten können Alleinunfälle Polizeistreifen stundenlang binden – obwohl die Polizei hier Gefahren nicht mehr abwenden kann und weder eine Straftat noch eine Ordnungswidrigkeit vorliegt. Die Bitten von uns Streifenpolizistinnen und -polizisten, diese Regelung endlich aufzuheben und mit der Zeit zu gehen, verhallten auf dem Weg zur Polizeiführung.

Ähnlich verhält es sich bei Verkehrsunfallfluchten. Hier muss ebenfalls eine Verkehrsunfallanzeige erfasst werden. Diese Anzeigen werden von der Staatsanwaltschaft in nahezu 100 Prozent der Fälle eingestellt. In München muss ein Polizist etwa an jedem dritten Arbeitstag eine solche Anzeige schreiben. Ein Beamter, der seit zehn Jahren in der Stadt Dienst schiebt, hat also rund 830 Verkehrsunfallanzeigen geschrieben. Von diesen 830 aufwendigen Anzeigen wurden etwa 830 von der Staatsanwaltschaft eingestellt. Papierkrieg ohne Ziel, Papierkrieg ohne Sinn.

Dazu kommt, dass die Ermittlungsrichter, die auch für den Bereich der Isarwache zuständig sind, immer jünger werden und sich daher oft weniger trauen.

So zum Beispiel auch an jenem Tag, als in einem Heim für sozial Schwache ein Mann sturzbetrunken in aller Herrgottsfrühe randalierte. Er demolierte die Einrichtung und griff zwei seiner Mitbewohner an. Wir nahmen den Mann fest. Er beleidigte uns mit allen erdenklichen Schimpfwörtern. Wir brachten ihn gefesselt auf die Dienststelle und steckten ihn in eine Zelle. Von seinen Mitbewohnern wussten wir, dass er nur aggressiv wurde, wenn er Alkohol trank. Er hatte 2,6 Promille.

„Wenn ich hier raus bin, mache ich einen platt!", versicherte er uns recht glaubhaft. Wir wollten den Mann daher in Gewahrsam nehmen, bis er sich beruhigt hatte und wieder einigermaßen nüchtern war.

Für einen Gewahrsam braucht man allerdings eine richterliche Entscheidung. Wir riefen die zuständige Bereitschaftsrichterin an. Ihre Stimme klang recht jung. Wir erklärten ihr, was passiert war und warum wir den Täter in Gewahrsam halten wollten: Nämlich, um weitere Straftaten des Trunkenbolds zu verhindern, die er selbst angekündigt hatte.

Die Richterin lehnte ab. Es sei „unverhältnismäßig, einen Menschen deswegen in eine Zelle zu stecken". Wir mussten den Täter freilassen. So will es das Gesetz. Sturzbetrunken torkelte er aus der Wache. Er begab sich seelenruhig zum nächsten S-Bahnhof, wo gerade Berufsverkehr herrschte. Dort rastete er erneut aus. Er verletzte mit einem Feuerlöscher vier Passanten und drei Bundespolizisten. Einer der Passanten musste sogar mehrere Tage stationär im Krankenhaus behandelt werden. Alles nur, weil die Richterin den Gewahrsam bis zur Ausnüchterung ablehnte. Die Richterin weiß bis heute nicht, was sie mit ihrer Entscheidung angerichtet hat. Der Fall fand zwar Eingang in die Presse, aber in den Artikeln stand natürlich nicht, dass die Polizei den Mann eigentlich in Gewahrsam halten wollte. Selbst wenn die Richterin den Artikel gelesen hätte, hätte sie vermutlich keinen Zusammenhang hergestellt.

Und falls Sie jetzt denken, dass diejenigen, die um drei Uhr früh den Kopf für die Sicherheit anderer hinhalten und obendrein hohe Verantwortung tragen, zumindest sehr gut verdienen, liegen Sie falsch! Ein junger Polizeimeister verdient in etwa 2.300 Euro netto im Monat, zahlt aber sogar in den tristen Mietskasernen bis zu 1.000 Euro Miete. Von einem Eigenheim können die allermeisten Münchner Streifenpolizistinnen und Streifenpolizisten bei den herrschenden Immobilienpreisen nur träumen. Probieren Sie es aus! Gibt man auf gängigen Immobilienseiten die Begriffe „Wohnung kaufen München" und als maximalen Preis 200.000 Euro ein, werden einem ausschließlich Garagen zum Kauf angeboten. Kein Witz!

Der Hooligan

In meiner Dienstgruppe gab es einen Kollegen, mit dem ich mich gut verstand. Er hatte einen roten Kaiserbart. Ich nannte ihn deshalb „König Barbarossa" oder einfach nur „Barbarossa". Eines Tages befand ich mich mit König Barbarossa auf Fußstreife in der Fußgängerzone am Münchner Marienplatz. Wir wurden von einem etwa achtjährigen Jungen namens Tassilo angesprochen, der mit seiner Mutter unterwegs war. Er wollte etwas in unser Funkgerät sagen. Da die Mutter auch einen erwartungsvollen Blick aufsetzte, knickte König Barbarossa ein. Er übergab dem Jungen das Funkgerät und sagte: „Na schön, du drückst jetzt diesen Knopf hier und sagst ‚Hallo, Polizei!‘, dann hören dich ganz viele Polizisten in der Umgebung."

Der Junge tat wie ihm befohlen und drückte den Knopf. Doch anstatt „Hallo, Polizei!" schrie er: „Attentat Marienplatz!"

König Barbarossa hatte alle Mühe, den umliegenden Streifen und der Einsatzzentrale zu erklären, dass es kein Attentat gab, sondern dass er von einem Kind ausgetrickst worden war. Von seiner Mutter erhielt der kleine Tassilo ein einwöchiges Süßigkeiten-Verbot. Ich hätte ihn am liebsten mit einem Preis ausgezeichnet.

Ein paar Wochen später hatten König Barbarossa und ich zusammen Nachtschicht. Wir fuhren durch eine enge Straße in der Nähe des Hauptbahnhofs. Hier befinden sich diverse Stripclubs, unzählige Spielhallen, Wettbüros, Handygeschäfte, Dönerbuden und Gaststätten, die der Volksmund als „Assi-Kneipen" bezeichnet. Ungepflegte Prostituierte mit dem Zahnstatus von Steinzeitmenschen werben auf den Straßen um Kunden. Verwahrloste Junkies, Alkoholiker, Bahnhofsphilosophen und andere Gossenknechte säumen den Gehsteig und vermüllen die Straße mit Bier- und Schnapsflaschen. Dass Spritzen mit Blutanhaftungen einfach liegengelassen werden, ist keine Seltenheit. Vor den Stripclubs stehen meist bullige Türsteher und weibliche Angestellte des Hauses, die halbnackt um Kunden buhlen.

Aus den genannten Gründen wird diese Straße von uns als „Sündengasse" bezeichnet. Den einzigen Supermarkt in der Straße nennen wir „Ghetto-Netto".

Diese Straße ist ein eigener Mikrokosmos. Ein Herr aus Sachsen sagte einmal zu mir: „Gött sei Dank haben wir bei uns drüben sowas nüscht."

Wenn Barbarossa und ich durch dieses Viertel Streife fuhren, hörten wir meistens Gangsta-Rap im Streifenwagen. Beethoven hätte einfach nicht gepasst. Im Vorbeifahren grüßten wir immer lässig die Türsteher und kamen uns dabei vor wie in einem amerikanischen Gangster-Film.

Einer dieser Türsteher vor einer Bar war ein 100 Kilo schwerer Albaner namens Dragan. Er war ein erfolgreicher Schwergewichtsboxer, obwohl er jeden Tag fünf Schachteln Zigaretten rauchte. Eine beeindruckende Persönlichkeit. Egal, wer in seinem Laden randalierte – betrunkene Italiener nach einem Oktoberfestbesuch, englische Hooligans nach einem FC Bayern Spiel, amerikanische GIs auf Europatour, betrunkene Iren auf einem Junggesellenabschied – dieser Mann wurde mit jedem fertig. Ihm krumm zu kommen, war alles andere als ratsam.

Als König Barbarossa und ich in dieser Nacht an Dragans Bar vorbeifuhren, sah ich im fahlen Licht des Hauptbahnhofsviertels einen Obdachlosen mit einer Jägermeisterflasche in der Hand, wie er in seinem eigenen Erbrochenen lag. Zudem hatte er sich eingenässt.

Währenddessen rappte der Gesangskünstler Gzuz im Streifenwagen: „Schicksaaaaaaaaal? Zufaaaaaaaaall?"

Ich fragte den Kaiserbart: „Glaubst du, es ist Zufall, dass sie uns so oft miteinander einteilen?"

Er öffnete das Fenster, weil er gefurzt hatte.

„Ich denk nicht. Die haben halt gemerkt, dass wir ein gutes Team sind und auch viele Trinkler bringen. Zufälle sind niemals Zufälle."

Wir fuhren langsam. Wir lauerten. Unser Einsatzwagen war wie ein Haifisch, der Beute suchte. Links sah ich einen Bettler. Er hielt ein Pappschild mit der Aufschrift: „Bitte helfen, ich haben Hunger".

Währenddessen sang Gzuz: „Kein Geld, was soll ich machen?"

Dann ertönte es im Funk: „In der Nähe des Hauptbahnhofs rastet einer aus und zerschlägt die Scheiben der parkenden Wagen. Angerufen hat ein Herr Demir, Cafébesitzer. Täterbeschreibung folgt."

Hungrig auf Beute sausten wir los zum Einsatzort, vorbei an Spielhallen, Stripclubs und Dönerbuden. Das Martinshorn unseres Peterwagens übertönte dabei die Geräusche des Bahnhofsviertels: die rhythmische Musik der Stripclubs, das Geschrei der Hitzköpfe, die sich vor den Wettbüros anbrüllen, aufgelöst, hysterisch und voll auf Kokain, dazu Sturzbäche von alkoholbedingten Kotzeschwällen, die auf dem harten Asphalt aufklatschen. Klänge der Zivilisation eben.

Der Zeuge, Herr Demir, wartete schon auf uns. „Eine Mann, große Mann schlagen damit auf Autos", sagte Herr Demir, deutete auf seinen Ellenbogen und zeigte uns die parkenden Wägen. Tatsächlich war bei fünf Autos die Fahrerscheibe eingeschlagen.

„Der Mann schreien immer Eeeeengland und laufen Richtung Hauptbahnhof. Ich laufen hinterher, aber kein Chance."

Wir verstanden. Eine englische Mannschaft hatte an diesem Abend ein wichtiges Fußballspiel gegen den FC Bayern verloren und der Täter war ein betrunkener Fan. Ich ließ mir die Beschreibung geben: 1,90 Meter groß, Glatze, schwarze Jacke und ein Schlangen-Tattoo am Hals. Die Beschreibung gab ich an andere Streifen weiter. Wir suchten das gesamte Gebiet um den Hauptbahnhof ab, doch den Engländer fanden wir nicht mehr. Die Fahndung wurde eingestellt. Kollegen nahmen eine Anzeige gegen Unbekannt auf. Sie zogen auch noch die Spurensicherung hinzu. In einem Auto fanden sie Blut des Täters. Vielleicht war ja seine DNA in der Datenbank gespeichert.

Wir fuhren auf die Dienststelle. Ich trank drei Tassen Kaffee, denn ich hatte nur drei Stunden geschlafen. Wir fuhren wieder Streife in einer ruhigen Gegend. Wir standen an einer roten Ampel gegenüber einem Park. Meine Blase drückte. Die Ampel wurde und wurde einfach nicht grün. Dass die Zeit drängte, wussten wir noch nicht.

Schließlich hielt ich es nicht mehr aus. Ich sagte zu König Barbarossa: „Scheiß drauf, ich piesle schnell in den Park da drüben. Bin gleich wieder da."

Ich stieg aus und ging in den dunklen Park mit Büschen und Bäumen. Plötzlich stolperte ich über etwas und stürzte zu Boden. Im Fallen schrie ich noch: „Verdammte Scheiße!" Dann hörte ich ein Röcheln. Ich nahm meine Taschenlampe und leuchtete. Es war ein Mann, der auf dem Rücken lag. Ich hatte ihn nicht gesehen.

Der Mann schlief. Er schien sturzbetrunken zu sein und war leichenblass. Er trug eine schwarze Jacke und hatte ein Schlangen-Tattoo. Der Engländer! Ich pfiff König Barbarossa herbei. Wir durchsuchten die Taschen des Mannes und fanden seinen Reisepass. Der Engländer schlief weiter. Er hieß Brian, war 24 und kam aus Manchester. Er sah ein wenig aus wie Wayne Rooney.

Wir wollten Brian Handschellen anlegen und merkten dabei, dass er am rechten Oberarm eine blutende Wunde hatte. Kein Wunder, schließlich hatte er mehrere Autoscheiben ohne Hilfsmittel eingeschlagen.

König Barbarossa holte unseren Verbandskasten aus dem Auto. Wir legten eine Rolle Verband auf Brians Wunde und banden um die Rolle einen weiteren Verband. Die Blutung stoppte. Handschellen legten wir ihm trotzdem an. Dann riefen wir einen Rettungswagen. Zusammen mit zwei dürren, pickligen Jungs vom Rettungsdienst verfrachteten wir den bewusstlosen Brian in den RTW und setzten ihn auf einen Stuhl. Wir fuhren hinten mit Brian mit. Zur Sicherheit.

Mein Kollege sprach unfassbar schlecht Englisch. Als Brian kurz wach zu sein schien, fragte König Barbarossa: „Did you make sis for Klima protection? Are you from the greens?"

Brian antwortete nicht, sondern schlief wieder ein. Barbarossas Frage war eine Anspielung darauf, dass Brian auf Autos eingeschlagen hatte. Und Autos sind, wie jeder weiß, für den Klimawandel mitverantwortlich.

In der Notaufnahme wurde Brian von einem Arzt behandelt, den wir von diversen Einsätzen gut kannten. Meist waren es betrunkene Randalierer, die wir bei ihm ablieferten.

Der Arzt sah aus, wie ein Bär ohne Fell: 1,95 Meter groß, Hipster-Schnurrbart. Er war bekannt dafür, immer einen lockeren Spruch parat zu haben. Er war Ende 30, und weil er uns duzte, duzten wir ihn auch. Nach Brians Behandlung kam er auf uns zu.

Ich rief: „Hey Doc, wie war der Druckverband diesmal?"

Der Medicus blickte uns mit finsterer Miene an, packte und nahm uns zur Seite: „Alter, Jungs!"

Er redete immer so.

„Ja?", fragten König Barbarossa und ich.

„Wisst ihr was ihr mit ihm gemacht habt?", wollte der Doc wissen.

Wir sahen ihn fragend an. Mit seinem Hipster-Bart kam er uns so nah, dass wir seine Kaffeefahne rochen.

„Ihr habt ihm sein erbärmliches Leben gerettet!"

„Was? Wie das denn?", fragten wir erstaunt.

„Es hat ihm alle Arterien im rechten Arm zerfetzt", sagte der Arzt. „Der Druckverband war zwar ehrlich gesagt ziemlich schlecht, aber allein die Tatsache, dass ihr den Kerl überhaupt gefunden habt, hat ihn gerettet. Ich schwör's euch, wenn ihr ihn auch nur drei Minuten später gefunden hättet, wäre er jetzt nicht mehr hier. Der hat eineinhalb Liter Blut verloren und das mit drei Promillos in der Fresse. Eigentlich ein Wunder, dass er überhaupt noch lebt!"

König Barbarossa und ich schauten uns nur ohne Regung an. Der Doc sagte: „Ich muss jetzt weiter Jungs, der nächste Suff-Heini wartet auf mich."

Zu Brian konnten wir nicht, der wurde noch von Krankenschwestern behandelt. Seine Personalien hatten wir ja. Wir gingen nach draußen und setzten uns in den Einsatzwagen. Barbarossa fuhr los. Wir redeten kein Wort. Dann fiel es er mir wieder ein. Was hatte Barbarossa zu mir gesagt, als ich ihn etwas gefragt hatte? Er hatte gesagt: „Zufälle sind niemals Zufälle."

War es Zufall, dass ich an diesem Tag schlecht geschlafen und deshalb so viel Kaffee getrunken hatte? War es Zufall, dass ich, genau als wir vor dem Park standen, dringend auf die Toilette musste? War es Zufall, dass ich im wahrsten Sinn des Wortes über Brian stolperte? Und war es Zufall, dass Barbarossa eine Stunde davor gesagt hatte „Zufälle sind niemals Zufälle"?

Die Sache war mir unheimlich. Am nächsten Tag hatten wir wieder Nachtschicht. Es brauchte ganze 23 Stunden, bis Brian wieder einigermaßen nüchtern war. Er schuldete uns noch ein paar Unterschriften auf Formularen und deshalb fuhren wir zu ihm ins Krankenhaus. Dass er nicht wegen Fluchtgefahr in U-Haft kommen würde, hatten wir zuvor mit einem Staatsanwalt abgeklärt.

Brian lag auf dem Krankenbett und war wach. Die Krankenschwestern sagten uns, er könne sich an nichts erinnern. König Barbarossa fragte ihn: „Can you German?"

Brian verschränkte die Arme und schüttelte nur den Kopf. Wir erklärten ihm, dass er noch einige Formulare unterschreiben muss. König Barbarossa füllte ein Formular aus. Dann streckte er Brian seinen Reisepass entgegen und tippte mit seinem Kugelschreiber auf eine bestimmte Stelle neben dem Bild und fragte: „This is your birthplace, or?"

Brian beantwortete die Fragen, redete aber sonst nichts. Plötzlich wollte er, dass wir das Britische Konsulat verständigen. Ich erklärte ihm, dass es dafür eigentlich keinen Grund gäbe, weil er nicht in Haft kommt, aber wir das natürlich machen, weil es sein Recht ist. Ich setzte an: „There is no reason ..."

König Barbarossa unterbrach mich: „ ... but we look."

Er wollte damit sagen: „Schauen wir mal." Als die Krankenschwestern draußen waren, erzählten wir Brian, was überhaupt passiert war. Dass wir ihm aus Versehen das Leben gerettet hatten. Dass er nicht mehr leben würde, wenn wir ihn nur drei Minuten später gefunden hätten.

Er glaubte uns die Geschichte nicht. Er sagte zu mir: „You are a fucking lying bastard. And now fuck off!"

So viel Englisch verstand auch König Barbarossa, und wir fuhren zur Dienststelle, um die Anzeige zu bearbeiten. Wir schrieben natürlich nicht hinein, dass wir Brian fanden, weil ich austreten musste. Wir schrieben in die Anzeige, dass wir unermüdlich den Täter der Sachbeschädigung suchten und deshalb den Park kontrollierten. Wir erwähnten auch, dass wir Brian somit das Leben gerettet haben.

Die Pressestelle veröffentlichte das auch, aber keine einzige Zeitung druckte es. Man konnte damit einfach keine Schlagzeilen machen. Als wir am nächsten Tag die Zeitung aufmachten, lasen wir stattdessen: „Bei Pegida-Gegenkundgebung: Brutales Vorgehen der Polizei. Ermittlungen wegen Polizeigewalt."

Wir schmunzelten. König Barbarossa resümierte: „Ja, sowas kommt natürlich immer an."

Brian hatte übrigens eine Frau und eine zweijährige Tochter. Und er verdankte sein Leben meiner Blase.

Brian reiste ein paar Tage später ab. Da die deutschen Staatsanwaltschaften und Amtsgerichte keinerlei Post ins Ausland versenden, hatten wir Brian eine Zustellungsvollmacht unterschreiben lassen. Einen Abdruck auf Englisch hatte er damals erhalten. Mit einer Zustellungsvollmacht gab Brian die Erlaubnis, dass ein Beamter im Münchner Präsidium für ihn die Post bezüglich des Verfahrens entgegennimmt. Das ist ein normales Prozedere und wird bei Menschen angewandt, die in Deutschland über keinen festen Wohnsitz verfügen. Wegen der Sachbeschädigung erließ das Amtsgericht München auf Antrag der Staatsanwaltschaft einen Strafbefehl über 1.600 Euro gegen Brian. Diesen Strafbefehl schickte die Staatsanwaltschaft an den Beamten des Präsidiums, also Brians Zustellungsbevollmächtigten. Brian jedoch hatte es unterlassen, einen Anwalt in München zu beauftragen, für ihn die Post dort abzuholen. Brian wusste somit nicht, dass er in Deutschland eine Geldstrafe zahlen sollte.

Deshalb erließ das Amtsgericht München einen Haftbefehl gegen Brian, den er nur gegen Zahlung von 1.600 Euro plus Verfahrenskosten abwenden konnte. Dieser Haftbefehl galt nur für die Bundesrepublik Deutschland.

Wie der Zufall es wollte, hatte ich vier Jahre später Wache in einer Nachtschicht. Gegen etwa 22:00 Uhr klingelte das Telefon. Am Apparat war ein Engländer,

der mir schilderte, dass er vor ein paar Jahren einmal Probleme mit der Münchner Polizei gehabt hatte. Er sagte, dass er am Wochenende nach München fliegen wolle, um sich dort ein Champions League Spiel einer englischen Mannschaft gegen den FC Bayern München anzusehen. Nun wollte er wissen, ob es bei der Einreise Probleme geben könnte.

Ich ließ mir seinen Namen geben und recherchierte. Wie Sie sich denken können, war es Brian. Dieser wiederum wusste nicht, dass ich der Beamte war, der ihn damals verhaftet hatte.

Bei der Eingabe seines Namens wurde mir natürlich sofort der Haftbefehl angezeigt. Ich erinnerte mich genau, dass er uns vor vier Jahren nicht geglaubt hatte, dass wir ihn gerettet hatten und uns stattdessen auch noch wüst beschimpft hatte.

Ich revanchierte mich auf meine Weise. Ich sagte ihm, dass alles vom Tisch sei, dass kein Haftbefehl bestünde und es bei seiner Einreise keinerlei Probleme geben würde. Brian reiste ein paar Tage später mit ein paar anderen englischen Saufgurgeln via Flugzeug nach München und wurde am Flughafen von der Bundespolizei wegen des Haftbefehls festgenommen.

Da weder er noch seine Freunde 1.600 Euro auftreiben konnten, konnte er sich das Fußballspiel leider nicht ansehen, sondern verbrachte das gesamte Wochenende in Haft. Erst nachdem seine Frau das Geld nach München geschickt hatte, wurde er entlassen. Es war meine persönliche Rache für Wembley.

König Barbarossa heiratete übrigens drei Jahre nach dem Vorfall mit unserem Hooligan eine Australierin, die er in einem Irish Pub in München kennengelernt hatte. Sie erzählte mir einmal lachend, wie er sie dort angesprochen hat. Er ging zu ihrem Tisch und fragte: „Excuse me, this place is free, or?"

Und für den Fall, dass Sie sich fragen, was aus Dragan, dem albanischen Türsteher wurde, der mit jedem fertig wird? Natürlich heißt er in Wirklichkeit nicht Dragan. Dragan ist ein slawischer Name. Dass ein Albaner Dragan heißt, ist also ungefähr so wahrscheinlich, wie wenn ein Eskimo Karl-Heinz heißt. In Wahrheit heißt Dragan Ilir. Mittlerweile arbeitet er nicht mehr als Türsteher, sondern als Hausmeister. Als ich mich das letzte Mal mit ihm unterhielt, zwinkerte er mir lächelnd zu und sagte: „Und immer dran denken, widersprich nie einem Albaner!"

Der Blinde und der Trunkenbold

Ich fuhr wieder Streife mit König Barbarossa, meinem Kollegen mit dem roten Kaiserbart. Es war Spätschicht, zuvor hatten wir fünf Nachtschichten gehabt. Ich hatte etwa 200, König Barbarossa sogar 260 Überstunden auf dem Konto. Entsprechend war unsere Laune. Auf meiner Backe war ein großer, verschorfter Kratzer zu sehen. König Barbarossa hatte ein blaues Auge. Beide Verletzungen waren Souvenirs aus Einsätzen der letzten Woche. Bei mir war der Übeltäter ein betrunkener Afghane, bei König Barbarossa ein norwegischer Tourist.

Unversehrt waren wir dagegen am Abend zuvor bei einem Einsatz im Bereich der Isarwache geblieben.

Hier hatte ein junger Ukrainer etwas mit einer jungen Kosovarin am Laufen. Dies missfiel dem Bruder der Kosovarin. Weil über diese Liaison auch ein Video kursierte, wollte der kosovarische Bruder dem Ukrainer die Hoden wegballern. Ein deutscher Großstadtklassiker. Von drei Schuss traf allerdings nur einer. Die Hoden des Ukrainers blieben dabei unversehrt.

An diesem düsteren Herbstnachmittag schien dagegen alles friedlich zu sein. Da kam per Funk die Frage: „Welche Streife will denn mal bei einem geschmeidigen Oralverkehr im Alten Botanischen Garten zuschauen?"

König Barbarossa und ich meldeten uns mit dem gewohnten Eifer. Am Einsatzort angekommen, wurden wir leider enttäuscht. Es sah alles andere als ästhetisch aus, denn es war ein obdachloses, rumänisches Pärchen. Die Frau hatte keine Zähne mehr. Wir erteilten Platzverweise.

Danach fuhren wir zu einer Bäckerei, in der sich ein Obdachloser häuslich niedergelassen hatte. Er wollte das Geschäft partout nicht wieder verlassen und die Bäckereiverkäuferin hatte sich an die Polizei gewandt. Sie hatte einen beeindruckenden, dicht wachsenden Damenbart und hieß mit Nachnamen „Flaum".

Nach dem Einsatz in der Bäckerei bestreiften wir einmal mehr die „Sündengasse", in der sich diverse Stripclubs, Spielhallen und Assi-Kneipen befinden. Rechts sah ich einen schlafenden Junkie, in dessen fauligem Unterschenkel eine Spritze steckte. Währenddessen rappte Eminem im Streifenwagen: „This is destiny!"

Barbarossa hatte gerade seinen Red Bull-Einlauf hinter sich und wurde redselig. Er erzählte mir, dass er vorhabe mit einer Erfindung ganz groß rauszukommen.

Erfunden habe er einen Gegenstand, der zu 95 Prozent für Frauen und etwa fünf Prozent für Männer geeignet sei. Er war überzeugt davon, dass in Zukunft etwa jede dritte Frau diesen Gegenstand besitzen wolle.

Ich fragte: „Einen Dildo? Ach ne, den gibt's ja schon."

„Nein!", erwiderte Barbarossa ernst. „Das, was ich dir jetzt sage, hat Geheimhaltungsstufe zehn, Hammerbauer. Denn ich will mich mit der Idee selbstständig machen, damit ich mich nicht mehr von Junkies schlagen und anspucken lassen muss. Ich habe so oft von Frauen gehört, die mit ihren High Heels unzufrieden sind, weil sie damit nicht Auto fahren können. Ich möchte High Heels auf den Markt bringen, die einklappbare Absätze haben, damit die Frauen damit auch Auto fahren können. Ich hab's mir ausgerechnet. Es gibt sieben Milliarden Menschen, davon sind logischerweise circa 3,5 Milliarden Frauen. Ich schätze mal, dass etwa eine Milliarde Frauen in High Heels-fähigem Alter sind. Ich würde diese High Heels für etwa 50 Euro rausbringen. Wenn eine Milliarde Frauen Heels für 50 Euro kaufen, geh ich mit 50 Milliarden Euronen aus der Sache raus. Auf der Jagd nach dem Reibach sind meiner Fantasie keine Grenzen gesetzt."

Ich antwortete etwas verblüfft: „Ooooookay?"

König Barbarossa erzählte mir über seine Idee noch relativ viel unausgegorenes Zeug, doch blieb es mir nicht in Erinnerung. Dann sagte er: „Übrigens möchte ich jetzt umziehen, in 'ne größere Wohnung. Ein Kumpel kennt privat eine Immobilienmaklerin und hat mir ihre Nummer gegeben. Bei der steh ich jetzt sozusagen auf der Freundesliste. Sie hat mir auch schon Bilder einer Wohnung gezeigt."

König Barbarossa redete zehn Minuten über die Immobiliensache, ohne Punkt und Komma.

Ich erwiderte reflexartig entweder „ja" oder „hm".

Aufmerksam wurde ich erst wieder, als Barbarossa sagte: „Ich hab mich gleich in sie verliebt, weil sie einen guten Schnitt hat und billig ist."

Ich fragte: „In die Immobilienmaklerin?"

„Nein, in die Wohnung natürlich!"

Währenddessen sang Gzuz im Hintergrund: „Doch ich bin ein Mensch und wir haben unsere Schwächen, so viele Fehler und geplatzte Versprechen."

In diesem Moment klopfte ein arabischer Herr gegen meine Scheibe. Ich öffnete.

Er sagte: „Bitte helfen! Da vorne bei Club Moulin Rouge liegen Mann, hat Blut im Kopf."

„Danke, wir schauen uns das mal an", antwortete ich.

Wir fuhren zu dem Stripclub und parkten den Einsatzwagen. Auf dem Boden lag ein Mann mit einer blutenden Platzwunde. Neben ihm auf dem Bürgersteig lag ein Blindenstock. Der Mann hieß Rainer, war 56 Jahre alt und tatsächlich blind. Er war bei Bewusstsein. Wir halfen ihm aufzustehen und fragten, ob wir einen Rettungswagen rufen sollten.

„Nein, vielen Dank! Das hat schon ein Passant gemacht", antwortete er.

„Was ist denn überhaupt passiert?", wollte ich von Rainer wissen.

„Also, ich bin aus Köln", begann er zu erzählen, „und war mit ein paar Freunden im Hofbräuhaus. Irgendwann waren wir ziemlich betrunken und haben uns verloren. Ich bin dann irgendwann hier im Moulin Rouge gelandet. Tänzerin Andrea war besonders nett zu mir. Ich habe dann zwei Bulgaren kennengelernt. Die wollten mich draußen auf eine Zigarette einladen. Da habe ich zuerst ein Knie in meinem Bauch und dann eine Faust am Kopf gespürt. Anschließend nahm einer der beiden meinen Geldbeutel mit 50 Euro darin und beide liefen davon."

Wir hörten eine Sirene und ich sagte: „Jetzt kommt der Rettungswagen, der für Sie gerufen wurde."

„Danke, Herr Wachtmeister!", sagte Rainer.

Dann fiel es mir wieder ein. Rainer war ja blind. Wir hatten uns nicht als Polizisten bei ihm vorgestellt. Ich sagte: „Sie sind doch blind. Wie können Sie denn wissen, dass wir Polizisten sind?"

„Euer Tonfall", sagte Rainer, „egal ob in Köln oder München, egal ob ihr gerade gut oder schlecht gelaunt seid, man erkennt euch Jungs immer am Tonfall."

Die Tat wurde nicht aufgeklärt. Die weitaus wichtigere Frage, warum ein Blinder überhaupt in einen Stripclub geht, ebenfalls nicht.

Weil wir am nächsten Tag frei hatten, gingen König Barbarossa und ich nach der Spätschicht noch ins berühmt berüchtigte „Bangladesch". Im Bangladesch tummeln sich immer einige gestrandete Existenzen. Einer von ihnen war Hasi. Er hieß eigentlich Hans Siebenberger.

Hasi war zu jener Zeit schon ziemlich alt, vermutlich Anfang 80. Seit etwa 20 Jahren sah Hasis Alltag so aus: Er stand um 10 Uhr morgens auf und ging in ein

Wirtshaus. Dort blieb er meist bis Ladenschluss. Täglich trank er um die 20 Bier. Vermutlich deshalb war Hasi geistig so fit. Er war ein Urgestein der Münchner Weißbierszene.

Gerüchten zufolge hatte Hasi sogar einen Doktortitel in Soziologie. Ein anderer Mythos besagte, Hasi hätte zehn Jahre im Knast gesessen. Angeblich soll er sogar in einem amerikanischen Reiseführer als Attraktion angeführt sein.

Irgendwann saß Hasi bei uns am Tisch. Ich fragte ihn: „Stimmt es eigentlich, dass Sie einen Doktortitel haben?"

„Nein, ich halte nichts von TT", sagte Hasi kopfschüttelnd.

„TT?", fragte ich.

„Täuschende Titel. Ein Doktortitel suggeriert, dass man über ein bestimmtes Wissen verfügt. Ich lernte im Laufe meines Lebens aber viele Doktoranden kennen, die von Tuten und Blasen keine Ahnung haben."

Wir redeten noch weiter mit Hasi. Irgendwann schweifte das Gespräch ab und Hasi hielt einen ausführlichen Monolog über das weibliche Geschlecht im historischen Kontext. Er sagte: „Meine Herren, das moderne Weib als solches ist doch Paradoxon und Rätsel zugleich. Darf ich Ihnen die indiskrete Frage stellen, in welchem Jahr Sie Mutter Erde entsprungen sind?"

König Barbarossa: „1992."

Ich: „1990."

„1992 also. Wie Sie unschwer erkennen können, bin ich schon recht alt. Tauschen Sie in ihrem Baujahr einfach die Zwei und die Neun und Sie haben mein

Geburtsjahr. Ich möchte Ihnen eins klar machen, was mich schon länger beschäftigt. Nämlich ein Generationenvergleich in Bezug auf das Weib. Ich habe nämlich konstatiert, dass meine Generation, was das Weib angeht, es so leicht hatte wie keine andere Generation der deutschen Geschichte. Und ich habe ebenfalls konstatiert, dass keine andere Generation es mit dem Weibe so schwer hat wie Ihre."

König Barbarossa fragte: „Wie meinen Sie das?"

„Als der Krieg zu Ende war, war ich ein junger Bursche. Nach den psychischen Belastungen der Kriegsjahre suchte das Weib körperliche Entspannung. Männer waren Mangelware, weil sie entweder tot oder in Gefangenschaft waren. 5,5 Millionen deutsche Soldaten waren gefallen, weitere elf Millionen waren in Gefangenschaft. Das Weib war willig und stürzte sich deshalb auf die sexuell unerfahrene, männliche Jugend. Wir beglückten das Weib und schlitterten so in eine neue, epochale Zeit. Glauben Sie mir, meine Herren, ohne das erotische Zutun der Jugend wäre das Wirtschaftswunder undenkbar gewesen."

Ich fragte: „Waren Sie im Krieg?"

„Damals waren alle im Krieg, denn die Amerikaner haben Tag und Nacht bombardiert. Ich wurde als Flakhelfer eingezogen. In einer Februarnacht '45 schickten sie mich heim, weil ich starkes Fieber hatte. In dieser Nacht schlug eine Bombe fünf Meter neben unserem Posten ein. Keiner meiner Leute überlebte. Ich habe mich oft gefragt, ob das Schicksal oder einfach nur Zufall war."

Dann ging die Kellnerin vorbei und Hasi sagte „Noch ein doppeltes Herrengedeck, aber zackig, Mademoiselle!" Die Kellnerin brachte zwei Bier und zwei Schnaps. Hasi nahm den Schnaps und sagte: „Meine Herren, auf das gemeine Weib als solches. Nastrovje!"

Wir stießen an.

„Also, meine Herren", erzählte Hasi weiter, „als Mann konnte man sich damals vor Angeboten vom Weibe gar nicht erwehren. Sogar hässliche Sonderlinge, die ansonsten nur durch degoutante Verhaltensweisen auffielen, trieben es mit so manchem heißem Feger. Das deutsche Kollektivbewusstsein unterliegt dem Irrwahn, dass die Nachkriegsjahre zwar eine Zeit des Aufbruchs, jedoch eine biedere und prüde Epoche war. Ich kann Ihnen versichern, meine Herren, die Nachkriegszeit war eine frivole, fast schon perverse, höchst unkatholische Zeit."

Hasi trank den anderen Schnaps und sagte: „Die Menschen, die den Krieg überlebten, dachten in anderen Kategorien: Sein oder Nichtsein. Obwohl der Krieg vorbei war, saß vielen Menschen noch die Angst, sie könnten morgen tot sein, im Nacken. Und so kam es, dass Ende der 40er Jahre es die Pfarrer mit ihren Haushaltshilfen trieben, die Großaktionäre mit ihren Sekretärinnen und die Oberlehrer mit ihren Zugehfrauen."

Hasi nahm einen sehr großen Schluck Bier und erzählte weiter: „Ich selbst wurde mit Anfang 20 an eine Bauerntochter verheiratet, hielt mir aber gleichzeitig sechs Affären. Ich hatte tatsächlich eine Art Harem. Der Traum jedes Mannes."

Hasi klopfte sich auf die Schenkel und sagte: „Meine Herren, ich versichere Ihnen, die Schlottinger Helga war die Wildeste, hahaha. Eine andere hieß tatsächlich mit Nachnamen *Willig*. Aber überlegen Sie mal, meine

Herren. Es war eine ganz andere Zeit. Es gab keine Fernseher, keine Kinos, keine Handys, nichts war digital. Was hätten wir auch anderes tun sollen, als uns dem Weibe zuzuwenden?"

Er führte weiter aus: „Das moderne deutsche Weib in seiner aktuell bestehenden Form verachte ich. Es fühlt sich in seiner Einfalt dem Manne geistig und moralisch überlegen und sublimiert, wo es nur kann. Es strebt nach Unabhängigkeit und Freiheit. Das ist aber schizophren, weil ich zu meinem Entsetzen konstatieren muss, dass das Weib in seiner Insuffizienz wieder mit alten katholischen Moralvorstellungen kokettiert."

Hasi wirkte wie ein durchgeknallter, aber eloquenter Professor. Der letzte Satz klang zwar interessant, leuchtete mir aber nicht ganz ein. Ich fragte daher: „Wie meinen Sie das mit den katholischen Moralvorstellungen?"

„Na, in Bezug auf Affären, meine Herren. Das heutige deutsche Weib lehnt Affären zu einem Großteil aus moralischen Gründen kategorisch ab. Beziehungen mit dem modernen deutschen Weib werden in aller Regel monogam und fast schon katholisch geführt. Die Männer sind in regelrechten Beziehungsstahlschlössern gefangen. Sie hätten gerne Affären, trauen sich aber nicht, weil Affären als etwas moralisch Verwerfliches gelten. Das war Ende der 40er Jahre vollkommen anders. Die Gesellschaft führte sogar Codewörter dafür ein. Wenn ein Mann sagte, dass er ins Wirtshaus gehe, bedeutete dies in etwa 50 Prozent der Fälle, dass er eine Zusammenkunft mit einem kurzbeschürzten Weibe hatte. Dasselbe galt auch für das Weib. Sagte ein Weib zum Beispiel, es würde ein Kaffeekränzchen mit

Freundinnen halten, war klar, dass sie einen Casanova traf."

Hasi hatte das zweite Bier bereits geleert und bestellte noch einmal zwei Herrengedecke. Genüsslich trank er den Schnaps.

„Meine Herren, darf ich Ihnen zum Abschluss unseres Gesprächs die indiskrete Frage stellen, ob Sie vorhaben, sich ein deutsches Weib anzuschaffen?"

Barbarossa erwiderte mit einem nachdenklichen Gesichtsausdruck: „Jetzt nicht mehr."

Hasi erwiderte ernst: „Ein sehr kluger Gedanke, mein Herr! Falls Sie diesbezüglich auf der Suche sind, empfehle ich Ihnen ein Weib aus dem Osten Europas, um genau zu sein, rate ich Ihnen, sich am besten eine rumänische Venus anzuschaffen. Denn diese Damen gelten in Fachkreisen als besonders liebevoll und robust. Ich empfehle mich, meine Herren."

Hasi setzte sich an die Bar. Drei Wochen später hatte Hasi einen Termin beim Arzt. Dieser sagte: „Herr Siebenberger, es ist kurz vor knapp. Wenn Sie jetzt nicht aufhören zu trinken, sind Sie in ein paar Wochen tot!"

„Aber Doktor, ich ertrage das Leben nicht ohne Alkohol", erwiderte Hasi seufzend. „Wenn ich nicht trinken darf, muss ich mich erschießen!"

Der Doktor winkte ab und sagte: „Das ist Ihre Sache!"

Ich traf Hasi ein paar Tage nach dem Arzttermin im Bangladesch und er erzählte mir die Geschichte. Er erschoss sich übrigens nicht. Es sei „metaphorisch gemeint" gewesen, erklärt er. Hasi starb auch nicht innerhalb kurzer Zeit, wie es der Arzt prophezeit hatte.

Hasi sagte: „Der hatte halt einen TT." Zwei Bier später nannte er den Arzt einen „charakterdefizitären Misanthropen" und einen „Anti-Altruisten".

Das „Bangladesch" schloss seine Tore im Jahr 2016. Ob Hasi aktuell noch lebt, ist mir nicht bekannt.

Wie Sie sich vielleicht noch erinnern können, schaffte sich König Barbarossa tatsächlich kein „deutsches Weib", sondern eine australische Venus an.

Die Matratze

Es war gegen 04:00 Uhr in der Früh. Die Nachtschicht war bis zu diesem Zeitpunkt recht ereignislos verlaufen. Der Dienstgruppenleiter saß mit bläulichen Augenringen in seinem Zimmer und sah sich irgendwelche Videos an, um sich wachzuhalten. Ich selbst kämpfte ebenfalls gegen den Schlaf an.

In meinem Schreibfach stapelten sich die Anzeigen. Weil tagsüber kaum je genug Zeit war, um sie zu bearbeiten, nutzte ich die Nachtdienste für diese Zwecke. Ich druckte eine Anzeige aus und las sie noch einmal kurz durch, bevor ich sie beim Dienstgruppenleiter abgeben wollte. Dabei musste ich feststellen, dass ich aufgrund der fortgeschrittenen Uhrzeit ziemlichen Stuss zusammenkomponiert hatte. Anstatt Ziegelstein hatte ich „Stiegelstein" geschrieben. Ein paar Zeilen weiter stieß ich auf das Wort „Autofrack". Ich zerknüllte das Schriftstück und warf es in den Papierkorb. Dies war der letzte ruhige Augenblick jener Nachtschicht.

Sekunden später ging beim Dienstgruppenleiter ein Anruf der Einsatzzentrale ein. Ein Altbau in der Nähe des Hauptbahnhofs stehe lichterloh in Flammen. Etliche Anwohner hätten dies der Feuerwehr gemeldet. Ich spürte Panik in mir aufsteigen.

Für jene geschätzten Leser, die mit dem Münchner Bahnhofsviertel nicht vertraut sind, möchte ich meine Reaktion kurz erklären: Viele Gebäude im Gebiet um den Münchner Hauptbahnhof stammen aus der Zeit des ausgehenden 19. Jahrhunderts, als Bayern noch ein Königreich war. Weil dieses Viertel damals noch vom Münchner Bildungsbürgertum bewohnt wurde, sind die Straßen oftmals nach berühmten deutschen Dichtern benannt, wie zum Beispiel die Schiller- oder die Goethestraße.

Mittlerweile sind diese Bauten nichts anderes als marode Mietskasernen, die zumeist von Einwanderern aus Rumänien, Bulgarien, dem Libanon oder dem Irak bewohnt werden. Wie viele Leute in diesen Häusern leben, weiß niemand so genau. Es herrscht ein ständiges Kommen und Gehen. Schriftliche Mietverträge gibt es nicht. Die Namen der Bewohner sind meist unleserlich per Hand auf die Briefkästen gekritzelt. Roma-Familien mit bis zu 15 Mitgliedern hausen in diesen Gebäuden in Zweizimmerwohnungen. In den Gängen lagert allerlei Unrat, wie etwa alte, mit Fäkalien verschmutzte Matratzen. Aus den Wänden stehen rostige Nägel hervor, an denen man sich leicht verletzen kann. Im Treppenhaus riecht es nach Urin, weil die sanitären Einrichtungen in einem katastrophalen Zustand sind. Das Zusammenleben jedoch gestaltet sich meist friedlich und die Menschen aus den unterschiedlichsten Kulturen kommen in der Regel gut miteinander aus. Doch eines war klar: Ein Brand in einem derart überfüllten Gebäude kam einer absoluten Katastrophe gleich.

Nach einer wilden Blaulichtfahrt traf ich mit meinem Streifenpartner an dem besagten Gebäude ein. Als ich sah, welch apokalyptische Szenen sich dort abspielten, pochte das Blut in meiner Schläfe. Der fünfte und sechste Stock sowie der Dachstuhl standen komplett in Flammen. Vor dem Gebäude befanden sich etwa 150 Bewohner des Hauses, die vor dem Feuer ins Freie geflüchtet waren. Ein paar von ihnen weinten und flehten, weil sie nicht wussten, ob sich noch Angehörige im Gebäude befanden. Im ersten Stock des Hauses waren ein paar der Bewohner wohl eingeschlossen, weil sich der Rauch mittlerweile im gesamten Treppenhaus ausgebreitet hatte. Beamte der Berufsfeuerwehr hatten bereits Leitern aufgestellt, damit die Eingeschlossenen ins Freie klettern konnten. Dazu hörte man ein schreckliches Getöse aus panischem Menschengebrüll und ohrenbetäubendem Sirenengeheul. Feuerwehrleute, die mit ihren Helmen und Gasmasken aussahen wie Astronauten aus einem Science-Fiction-Film, kletterten mit unfassbarer Schnelligkeit die Leitern empor, um das Feuer zu bekämpfen. In dem Tohuwabohu übergab mir ein keuchender Anwohner plötzlich einen etwa dreijährigen Jungen mit angesengtem Haar, der aus dem Ohr blutete. Ich drückte ihn einem vorbeieilenden Sanitäter in die Hand, während Teile des Dachstuhls wie brennende Fackeln nach unten prasselten und einige Anwohner verletzten.

Nach etwa einer Stunde war der Albtraum vorbei. Die Feuerwehr hatte den Brand gelöscht. Allerdings hatte noch niemand den fünften und sechsten Stock betreten. Somit war nicht klar, ob es dort oben Todesopfer gab.

Meine Kollegen richteten auf Geheiß des Polizeiführers eine Zeugensammelstelle ein. Bei der Befragung der Anwohner stellte sich heraus, dass von den etwa 150 in dem Haus lebenden Menschen nur 20 gemeldet waren.

In einer abgebrannten Wohnung des sechsten Stockwerks bot sich uns Einsatzkräften ein grauenvoller Anblick. Dort befanden sich die verkohlten Leichen eines etwa 40-jährigen Mannes und seiner beiden etwa zehnjährigen Töchter, die sich in den letzten Augenblicken ihres Lebens wohl noch umarmt hatten. Die Mutter der beiden Mädchen hatte sich zum Zeitpunkt des Brandes im Ausland befunden.

Wie der Vater und die Töchter zu Tode gekommen waren, ließ sich noch einigermaßen exakt rekonstruieren: Im hölzernen Treppenhaus des fünften Stockwerks hatte eine alte Matratze Feuer gefangen. Die Flammen breiteten sich schnell in der fünften und sechsten Etage aus. Die junge Familie wurde im Schlaf überrascht, einen Rauchmelder gab es im gesamten Gebäude nicht. In Panik waren die drei zum Fenster des Wohnzimmers gerannt – vermutlich, um an einer Regenrinne nach unten zu klettern. Fatalerweise hatten aber auch schon Teile des Wohnzimmers Feuer gefangen. Dabei war wohl auch der Rollladengurt verbrannt. So ließen sich die Jalousien nicht mehr bewegen und die Familie war eingeschlossen.

Warum die Matratze Feuer gefangen hatte, konnte übrigens nie ermittelt werden. Man klagte einen Hausbewohner wegen dreifachen Mordes an. Ihm wurde vorgeworfen, das Feuer aus Ärger über die anhaltende Vermüllung absichtlich gelegt zu haben. Er wurde jedoch freigesprochen, denn es war nicht auszuschließen, dass der Brand durch eine achtlos weggeworfene Zigarettenkippe ausgelöst worden war.

Uns Polizisten erzählte man nach dem Einsatz, dass die Opfer des Wohnungsbrands keinen qualvollen Tod erlitten hätten. Sie seien aufgrund einer Kohlenmonoxid-Vergiftung bewusstlos geworden. Ob dies stimmt, oder ob man es uns nur sagte, um uns zu beruhigen, kann ich nicht beurteilen. Und ganz ehrlich: Ich möchte auch nicht allzu genau darüber nachdenken.

Kampfgeräusche

Ich hatte an jenem Tag von 17.00 Uhr bis 03.00 Uhr früh gearbeitet. Da zu diesem Zeitpunkt keine U-Bahnen mehr fahren, ging ich etwa 45 Minuten zu Fuß nach Hause. Hierzu spazierte ich durch die Schwanthalerstraße. Im Vorbeigehen sah ich zwei Männer, die lachend gegen eine Bank traten, bis schließlich die Lehne durchbrach. Das ist strafbar nach § 304 StGB, Gemeinschädliche Sachbeschädigung. Ich hatte bereits zehn Stunden Dienst hinter mir und wenig Interesse an einer Auseinandersetzung mit zwei aggressiven Randalierern. Ich war bereits im Begriff, die Sache zu ignorieren. Doch dann dachte ich mir: „Was, wenn sich morgen eine alte Dame auf dieser Bank erholen möchte?"

Ich ging deshalb auf die beiden Männer zu und forderte sie auf, mit ihrem Verhalten aufzuhören. Ich zeigte ihnen dabei auch meinen Dienstausweis und sagte ihnen, dass ich Polizist sei. Für den Fall, dass sie mich angreifen wollten, hatte ich mein Handy gezückt, um die 110 zu rufen.

Der Dunkelhäutige der beiden Männer brüllte mich an: „You are a fucking German racist!" und ergriff die Flucht.

Ich zückte daraufhin mein Handy und wählte den Notruf. In diesem Moment versuchte der andere Mann, ein Bulgare, wie sich später herausstellte, mir das Telefon aus der Hand zu schlagen und flüchtete ebenfalls. Mein Jagdtrieb setzte ein und ich nahm die Verfolgung auf.

Währenddessen meldete sich die Einsatzzentrale: „Polizei Notruf."

„Ja, servus, ich bin ein Kollege und verfolge einen Sachbeschädiger auf der Schwanthalerstraße stadteinwärts."

„Okay, bleib dran, ich schick dir ein paar Streifen."

Ich bin ein schlechter Läufer, hatte aber während meines Dienstes schon öfter Straftäter einfangen müssen. Deshalb griff ich auf eine altbewährte Taktik zurück. Ich verfolgte den Mann eher langsam laufend und nicht sprintend. Der Bulgare rannte wie ein Irrer die Schwanthalerstraße entlang, ich etwa 25 Meter hinter ihm her. Erfahrungsgemäß geht flüchtenden Tätern nach etwa 100 Metern die Puste aus. Der Bulgare war ein zäher Bursche, erst nach 200 Metern wurde er langsamer. Ich hatte noch Ressourcen, da ich ja bis jetzt eher gejoggt war. Ich sprintete auf den Bulgaren zu.

Das Telefon hatte ich noch in der Hand und sagte keuchend zu dem Kollegen der Einsatzzentrale: „So, ich hab ihn jetzt, Schwanthalerstraße, auf einer großen Kreuzung, den Namen der anderen Straße weiß ich nicht."

In diesem Moment bekam ich den Bulgaren zu fassen und brachte ihn zu Boden. Mein Handy flog mehrere Meter durch die Luft und schlug auf dem Asphalt auf. Wenn Sie die Örtlichkeit kennen, wissen Sie, dass diese Kreuzung eine der meistbefahrenen Kreuzungen der Münchner Innenstadt ist. Auch gegen 03:30 Uhr fahren dort normalerweise Autos. Ich fixierte den Mann auf dem Boden. Dieser wehrte sich heftig, schlug und trat um sich. Aus dem Augenwinkel sah ich, wie ein Taxi mit überhöhter Geschwindigkeit von etwa 70 km/h auf uns zuraste. Da es dunkel war und wir aufeinander auf dem Boden lagen, sah uns der Fahrer nicht. Adrenalin strömte durch meine Arterien. In Panik sprang ich auf, reckte dem Taxi instinktiv meine Hände entgegen und schrie aus voller Kehle: „Stoooooop!!!"

In letzter Sekunde sah mich der Taxifahrer, führte eine Vollbremsung durch und kam etwa zwei Meter vor mir zum Stehen. Nicht auszumalen, was passiert wäre, wenn uns das Taxi mit 70 km/h überrollt hätte. Der Fahrer hupte wie ein Verrückter und brüllte mich in einer Sprache an, die ich nicht verstand. Diese Situation wollte der Bulgare nutzen. Er stand auf und versuchte zu flüchten. Ich packte ihn am Arm. Neben uns hielt mittlerweile ein VW T5. Darin saßen drei schwarzhaarige Brüder aus dem Kosovo. Ich drückte den Bulgaren gegen die Fahrertüre des T5, damit er nicht flüchten konnte. Der Fahrer öffnete das Fenster und sagte: „Kujdes! Warum kämpft ihr einfach auf der Straße?"

Ich keuchte: „Keine Angst, ich bin ein Polizist und versuche diesen Halunken festzunehmen!"

Der Fahrer wandte sich seinen Brüdern zu: „Schaut nicht so dumm, sondern helft gefälligst dem Polizisten!"

Die Brüder, Mikel und Besnik, stiegen aus. Den immer noch um sich schlagenden Bulgaren brachte ich zu Boden. Mikel und Besnik halfen mir bei der Fixierung. Wenige Zeit später trafen mehrere Streifen ein. Der Bulgare beruhigte sich nicht und deshalb mussten ihm Handschellen und sogar Fußfesseln angelegt werden. Er erlitt bei der Sache eine Rückenverletzung. Ich selbst verletzte mich leicht an Knien und Händen. Mein iPhone bekam einen Sprung.

Vor der nächsten Nachtschicht las ich mir am Computer das Protokoll der Einsatzzentrale durch. Als ich auf der Kreuzung mein Handy verloren und anschließend den Flüchtenden fixiert hatte, notierte der Beamte: „Der Kollege hat jetzt sein Handy verloren. Im Hintergrund nur noch Kampfgeräusche und ein Hupkonzert."

Nach dieser Nachtschicht tranken meine Kollegen und ich in der Nähe der Dienststelle noch ein Bier.

Ein Kollege fragte: „Stimmt es, dass du gestern nach Dienst noch einen Sachbeschädiger durch halb München gejagt und festgenommen hast?"

„So kann man es auch nennen", antwortete ich.

Ein anderer Kollege winkte ab und sagte: „Ja, aber er hat ihn nur erwischt, weil zwei Kanaken ihm geholfen haben."

Stärken, Schwächen und Spitznamen

Die allermeisten Kolleginnen und Kollegen, die ich während meiner Arbeit als Polizist kennenlernen durfte, sind integre und hart arbeitende Frauen und Männer. Selbstverständlich hatten viele von ihnen auch ihre Macken – doch dies dürfte wohl in keinem Beruf anders sein.

Manch ein Kollege war für den Streifendienst in der Tat völlig ungeeignet – und seine Versetzung in den Innendienst war ein Segen für ihn selbst und für die Zivilbevölkerung. Andererseits gab es unter den Polizeibeamten auch das eine oder andere Ausnahmetalent. So zum Beispiel jenen unvergesslichen Polizeihauptmeister, der mit seinem Rauschebart und seiner überaus imposanten Statur stark an den französischen Rugby-Spieler Sebastian Chabal erinnerte. Ich muss zugeben, ich beneidete ihn. Denn während die meisten Polizisten im Dienst zumindest alle paar Wochen körperlich angegriffen werden, passierte ihm das höchstens alle paar Jahre einmal. Seine Muskeln in Kombination mit seiner überaus eindrucksvollen Stimme und seiner Sprachgewalt waren dermaßen wirksam, dass es zuletzt im September 2014 ein vermutlich lebensmüder Pole im Wodka-Rausch versucht hatte, sich mit ihm körperlich anzulegen – und dabei natürlich scheiterte. Er war der Schrecken von Gewalttätern, aber auch von Dummschwätzern, denn es war unmöglich, gegen ihn in einer Diskussion zu gewinnen.

Sollten Sie kriminell sein oder vorhaben, in der bayrischen Landeshauptstadt zu randalieren, hier ein Tipp: Falls Ihnen ein 1,90 m großer Polizist mit einem langen schwarzen Bart entgegentritt, kooperieren Sie. Er wird Sie gut und respektvoll behandeln, darauf gebe ich Ihnen mein Wort. Sollten Sie sich ihm gegenüber aber gewalttätig verhalten, wird dieser Mann für Sie zur Hölle auf Rädern.

Nicht eben zartbesaitet war auch ein anderer Kollege – ein ehemaliger Boxer, knapp zwei Meter groß mit Oberarmen, die massiger als meine Oberschenkel waren. Als ich eines Tages zur Frühschicht in den Raum des Dienstgruppenleiters kam, hing da ein Polizeihemd über einem Stuhl. Es war komplett voller Blut.

Was war passiert? Nun, besagter Kollege war vor einer Bar von zwei kräftig gebauten Klebstoffschnüfflern attackiert worden. Im Laufe des Kampfes tränkte er sein Polizeihemd mit dem Blut seiner Kontrahenten. Ein Foto des besudelten Kleidungsstückes verbreitete sich in diversen Chatgruppen von Münchner Polizisten, woraufhin der Kollege dienststellenübergreifend den Spitznamen „Der Schlächter von der Isarwache" erhielt.

Dann gab es da noch „Karsten den Schrecklichen", der so genannt wurde, weil er sich mit einem betrunkenen Bodybuilder einen Faustkampf geliefert und diesen für sich entschieden hatte.

Spitznamen wie diese haben bei der Polizei eine lange Tradition. Ein schichtübergreifender Spitzname wird sogar als Auszeichnung verstanden. Ein Kollege namens Ulrich zum Beispiel wurde „Uganda Ulli" genannt. Ein Kollege namens Paul wurde aus mir unbekannten Gründen immer nur „Jaulbert" gerufen. Ein

Ossi-Kollege hörte auf den Namen „Muschi-Maik", ein anderer auf „Schinken-Peter". Dann gab es noch einen „Wodka-Jens" und einen „Porno-Sepp". Mein persönlicher Favorit war aber ein Kollege namens Johannes, der auf „Malaria-Hans" hörte.

Neben den Polizisten arbeiten bei der Isarwache auch etwa 15 Parküberwachungskräfte. Ihre Aufgabe besteht darin, bei Parkverstößen schriftliche Verwarnungen mit Zahlungsaufforderungen auszustellen. Da man diese Verwarnungen umgangssprachlich als „Strafzettel" bezeichnet und die Parküberwachungskräfte fast ausschließlich weiblich sind, werden diese auch als „Zettelhexen" bezeichnet. Ein älterer Kollege stand im Verdacht, diese Zettelhexen reihenweise zu verführen. Er erhielt deshalb den Spitznamen „Bürschtel-Bernd".

Ein türkischstämmiger Kollege der Isarwache hatte den Spitznamen „der Osmane". Nach den Anschlägen in Paris sagte er: „Ich bin für die Verteilung islamistischer Gewalt durch Moslems in Europa!"
Man muss hier jedoch unbedingt erwähnen, dass „der Osmane" kein radikaler Moslem war, sondern ein absolut säkular denkender Mensch. Er aß kein Schweinefleisch, trank jedoch nach den Nachtschichten gerne Münchner Bier. Was er wirklich hatte sagen wollen war: „Ich bin für die Verurteilung islamistischer Gewalt durch Moslems in Europa!" Zwar unterstellte ein Kollege ihm einen Freud'schen Versprecher, diesen kann ich aber definitiv ausschließen.

Ein anderer Kollege, der ebenfalls Moslem war, besuchte oft eine Moschee, in der angeblich auch salafistische Imame anzutreffen waren. Das LKA hatte ihn deswegen auf dem Schirm und observierte ihn. Doch das war nicht alles. Der Datenaustausch zwischen den Innenbehörden funktioniert nicht so gut, wie man glauben möchte. Und so kam es, dass der Kollege nicht nur vom LKA, sondern zugleich vom Verfassungsschutz observiert wurde – ohne irgendein Ergebnis, nur für den Fall, dass es Sie interessiert.

Nicht ans Licht kam die Tatsache, dass der Kollege einen höchst lukrativen Nebenjob hatte, bei dem er seinen ausgeprägten Beschützerinstinkt freien Lauf lassen konnte: Er hockte auf einem Stuhl vor dem Zimmer einer Prostituierten und warf jeden Freier in hohem Bogen hinaus, der die Dame seiner Wahl schlecht behandelte. Dafür kassierte er bei der Dame ab. Klassische Zuhälterei also. Wie Sie sich denken können, hatte er diese Nebentätigkeit bei seinem Dienstherrn nicht gemeldet.

All dies ist jedoch vergleichsweise recht harmlos. Doch dann gab es da auch noch Leute, die wirklich aus der Reihe tanzten.

Kongo-Sepp

Josef Brunner, seines Zeichens Wach- und Streifenbeamter, war einer dieser umstrittenen Charaktere der Isarwache. Brunner war nicht nur überzeugter Hedonist, er war außerdem ein großer Fan der Kultur des Landes Kongo. Weil ihm jedoch die Kultur allein irgendwann nicht mehr reichte, hatte er etwas mit einer 18-jährigen Kongolesin am Laufen. Er wollte damit für ein weltoffenes Deutschland werben.

Brunner wurde daher von allen einfach „Kongo-Sepp" genannt. Kongo-Sepps Freundin konnte nicht lesen und schreiben und immer, wenn er erzählte, dass sie Analphabetin ist, betonte er das „Anal" und brüllte vor Lachen. Irgendwann hielt Kongo-Sepp nichts mehr von Weltoffenheit und die Beziehung ging in die Brüche.

Kongo-Sepp war übrigens Anfang 30 und stammte aus der Nähe von Berchtesgaden. Er war eigentlich ein Ur-Bayer, hatte jedoch den Teint eines Arabers. Ich stellte mir immer vor, dass er von arabischen Hilfstruppen, die die Römer nach Germanien führten, abstammte. Er war etwa 1,70 Meter groß und sehr durchtrainiert.

Den Großteil der Dienstzeit verbrachte er damit, über sein Handy zu wischen, denn er war neuerdings bei Tinder angemeldet. Er hatte auch eine seltsame Art und Weise, sich auszudrücken. Für feste Beziehungen zu Frauen verwendete er das Wort „Hausmaid", für Affären oder One-Night-Stands „Seitenmaid". Sein Lieblingswort war das Wort „schnudeln". Das Wort setzte er recht universell ein, meist beschrieb er damit sexuelle Handlungen. Es waren aber auch Sätze wie „Lass uns mal zur Tanke schnudeln" an der Tagesordnung.

Ein weiteres seiner Lieblingswörter war das Wort „vergenüsslichen". Damit beschrieb er ausschließlich sexuelle Handlungen. Sätze wie „Gestern hab ich eine brutale Seitenmaid vergenüsslicht", kamen etwa jeden zweiten Tag vor. Er erzählte auch recht häufig von seinem Geschlechtsteil. Er sagte dazu abwechselnd „Schlagbolzen" oder „Schnudelmeister".

Attraktive Frauen pflegte er als „Schnudelkatzen" zu bezeichnen. Zu seinem iPhone sagte er ausschließlich

„Eierphone". Eine weitere wunderbare Wortschöpfung war eine Mischung aus „geil" und „genial", nämlich „geilial". Den Lockdown während der Corona-Pandemie nannte er „Fuckdown".

Kongo-Sepp unternahm gerne ausgedehnte Sex-Reisen in die Ukraine. Er war so oft in diesem Land, dass er mit ukrainischen Ladendieben, die wir festgenommen hatten, Smalltalk führen konnte.

Ich fragte ihn einmal: „Hast du eigentlich keine Angst, dass du dir da drüben HIV holst?"

Kongo-Sepps Antwort: „HIV? Das ist doch eine Erfindung der CIA!"

Einmal flog Kongo-Sepp auch nach Georgien. Ich brachte ihn zum Flughafen. Bei der Verabschiedung sagte er: „Ich Geh-orgien machen", und brüllte vor Lachen.

Ein anderer Kollege hatte eine Freundin namens Leni. Wenn Kongo-Sepp den Kollegen sah, schrie er immer durch den Gang: „Die Leni schnudelst du doch eh nie!" und übergab sich fast vor Lachen.

Kongo-Sepp war zwar verrückt, aber keineswegs dumm. Er war sehr belesen. Eine Art Intellektueller in Dauererotisierung. Seine Lieblingsschriftsteller waren Hemingway und Shakespeare. Er sagte immer: „Von den Klassikern der Weltliteratur lernt man mehr vom Leben als in 50 Jahren Germanistik-Studium".

Er wollte auch immer selbst ein wissenschaftliches Buch mit dem Titel „Sexualität im Dreißigjährigen Krieg" schreiben.

Kongo-Sepp war zudem ein großer Fan von Sigmund Freud und hatte auch dessen Buch „Zur Psychopathologie des Alltagslebens" gelesen. Von Freuds Theorie, dass sich unterbewusst fast alles um Sex dreht, war Kongo-Sepp besessen.

So war es auch nicht weiter verwunderlich, dass Kongo-Sepp einen riesigen Dildo namens „Giant Lover" besaß. Als er in der Freischicht seine Eltern besuchte und dort über Nacht blieb, fand Kongo-Sepps Mutter den Dildo in seiner Reisetasche. Da die bereits über 70-Jährige mit dem „Giant Lover" nichts anzufangen wusste, legte sie ihn kurzerhand in die Kiste, in der das Feuerholz für den Kamin aufbewahrt wurde. Kongo-Sepps Vater, um dessen Sehkraft es nicht zum Besten stand, verheizte das gute Stück wenig später. Da an dem batteriebetriebenen Gerät gewiss viele schöne Erinnerungen hingen, beklagt Kongo-Sepp den Verlust vermutlich bis heute.

Neben seinem Liebesleben galt Kongo-Sepps Interesse vor allem dem Alkohol und dem Sport. Zur WM 2018 lud er ein paar Kollegen zum Spiel Deutschland gegen Südkorea zu sich nach Hause ein.

Durch die 0:2 Niederlage gegen Südkorea schied Deutschland bereits in der Vorrunde aus. Kongo-Sepp, ordentlich beschwipst, schleuderte wie von Sinnen ein relativ großes und schweres Kissen gegen seine Terrassentüre, wodurch das Glas einen zehn Zentimeter langen Sprung bekam. Eineinhalb Jahre später waren wir wieder bei Kongo-Sepp zum Pokern eingeladen. Mir fiel auf, dass er den Schaden nicht behoben hatte und das Fensterglas immer noch einen Sprung hatte. Kongo-Sepp sagte dazu: „Die Niederlage der Nationalmannschaft war so eine Schande. Ich habe das extra so stehen lassen als eine Art Mahnmal, so wie die Gedächtniskirche in Berlin."

Gerne war Kongo-Sepp auch dabei, wenn wir uns nach Dienstschluss in der „Rockbox" zu einem Umtrunk einfanden. Eines schönen Abends, das Bier floss in Strömen, stellte sich heraus, dass einer der Kollegen im gleichen kleinen Ort wie Kongo-Sepps Schwester wohnte. Kongo-Sepp fragte den Kollegen, ob er vielleicht seine Schwester kenne.

Um Kongo-Sepp zu provozieren, sagte der Kollege: „Ja, die habe ich schon gevögelt!"

Kongo-Sepp ließ sich jedoch nicht aus der Ruhe bringen und konterte nur: „Super, dann sind wir ja jetzt Lochschwager!"

Nach der elften Halbe Bier stand Kongo-Sepp schließlich auf, bezahlte und sagte zu uns: „So, Jungs, ich muss jetzt gehen."

Zielstrebig torkelte er auf die Isarwache zu, die unmittelbar neben der Kneipe liegt, und verschwand im Eingang. Er hatte uns verschwiegen, dass er an diesem Tag Frühschicht hatte – und trat tatsächlich nach dem Genuss von 5,5 Litern Bier um 05:30 Uhr seinen Dienst an. In der „Rockbox" eruierten wir daraufhin, selbst desolat besoffen, wer Kongo-Sepps Streifenpartner war. Wir riefen ihn an und teilten ihm mit, dass er Kongo-Sepp auf keinen Fall ans Steuer des Einsatzwagens lassen solle, wenn er Interesse an Selbsterhaltung habe.

Am nächsten Tag rief ich den Kollegen noch einmal an und fragte, ob es mit dem betrunkenen Kongo-Sepp irgendwelche Probleme gegeben hätte. Er antwortete, dass er von einer Alkoholisierung nichts mitbekommen hätte. Er habe sich lediglich gewundert, warum Kongo-Sepp sich gegen 05:40 Uhr vom Beifahrersitz aus dem Streifenwagen heraus auf die Straße übergeben hatte.

Kongo-Sepp war aber schon bald wieder fit. Nur wenige Tage später rief er mich während einer Nachtschicht an. Er bat mich, zum Rosenheimer Platz zu kommen, da er „privat in Schwierigkeiten" stecken würde. Wir brausten mit Blaulicht an. Kongo-Sepp erwartete uns bereits. Er trug einen Latex-Anzug, da er zuvor auf einer Fetisch-Sex-Party gewesen war. Die letzte S-Bahn hatte er jedoch verpasst und für ein Taxi hatte er kein Geld. Er flehte uns an, ihn nach Hause zu fahren. Wir entsprachen seinem Wunsch. Als Kongo-Sepp in seinem Latex-Anzug in den Streifenwagen einstieg, machte ein Passant ein Video davon. Ich suche es seit Jahren auf YouTube, wurde bislang jedoch nicht fündig.

Sanchez

Ein weiterer umstrittener Charakter der Isarwache war Sven Böttcher. Mit seiner Fönfrisur und dem trainierten Körper sah er aus wie einer dieser Typen aus der Hugo Boss Parfumwerbung. Sein Adamsapfel war so groß wie ein Kartoffelknödel. Böttcher war überzeugter Sexist.

Weil er als junger Polizeimeister mit einer spanischen Schauspielerin zusammen gewesen war, nannten ihn alle „Sanchez". Allerdings währte die Beziehung mit der rassigen Filmkünstlerin nicht besonders lange. Eines Tages zeigte die Schauspielerin ihn an, weil er sie angeblich mit einem Messer bedroht hatte. Man muss wissen: Polizisten dürfen ihre Dienstwaffen nach Hause mitnehmen und diese sogar in ihrer Freizeit mit sich führen. Die Dienststellenleitung wusste, dass

Sanchez seine Waffe immer zu Hause aufbewahrte. Sanchez war also Beschuldigter einer Straftat und potenziell bewaffnet. Deshalb sprengte ihn das SEK am nächsten Tag um 06:00 Uhr früh aus der Wohnung. Das Verfahren wurde später eingestellt. Es stand Aussage gegen Aussage.

Sanchez' Ex-Freundin war übrigens tatsächlich eine bekannte Schauspielerin. Wir fanden allerdings heraus, dass sie ausschließlich Porno-Filme drehte.

Sanchez war unglaublich faul. Vom Beruf des Polizisten hatte er sehr wenig Ahnung. Dafür hatte er immer einen lockeren Spruch auf den Lippen. Er nahm sich nie ein Blatt vor den Mund und war dabei unglaublich beleidigend. Er verunsicherte mit Begeisterung junge Kollegen und brachte manch eine Kollegin zum Weinen.

Eine vollschlanke Kollegin nannte er vor versammelter Mannschaft „Pummelchen". Eine lesbische Kollegin wurde von ihm beinahe täglich als „Leckschwester" bezeichnet. Einmal sagte er im Sozialraum vor versammelter Mannschaft zu ihr: „Wenn du wenigstens mal eine geile Freundin hättest, würde ich dir sogar helfen, sie zu vögeln!"

Einem eher schmächtigen Kollegen, der erst drei Tage auf der Dienststelle war, fasste er an den Bizeps und sagte mitleidig: „Dein Arm ist ja dünner als mein Schwanz."

Sanchez hatte kein Erbarmen.

Er hatte es besonders auf jene Kollegen abgesehen, die sich seiner Meinung nach bei den Vorgesetzten einschleimten. Diese Kollegen beleidigte er am laufenden Band. Gerne verwendete er dabei die Bezeichnungen

„widerliche Kreatur" und „widerlicher Mensch". Wenn einer dieser Kollegen ihm im Gang entgegenkam sagte er immer: „Geh zur Seite, du widerlicher Mensch!"

Für sein Geschlechtsteil pflegte er entweder das Wort „Lunte" oder „mein drittes Bein" zu benutzen. Fragen wie „Hast du deine Lunte heute schon gerockt?" waren an der Tagesordnung.

Eine ausgeprägte Homophobie zählte ebenfalls zu Sanchez Attributen. Zwei Kollegen hatte er diesbezüglich in Verdacht. Es waren zwei junge, schmächtige Bürschchen. Als die beiden einmal wieder nach draußen gehen wollten, um auf Streife zu fahren, sagte er im Gang: „Unfassbar, dass sie euch zwei Schwuchteln zusammen Streife fahren lassen. Die Lunte rockt ihr euch wahrscheinlich gegenseitig."

Sanchez hasste auch Veganer abgrundtief. Ein veganer Kollege bereitete sich einmal in der Küche im Sozialraum sein Essen zu. Dummerweise kam der durchtrainierte Sanchez mit zwei Burgern in die Küche. Er rastete aus: „Du widerliche Kreatur! Ich esse meine Burger nicht, wenn du die Scheiße da zubereitest!" Er warf den Kollegen kurzerhand aus der Küche und der musste seinen Süßkartoffelbrei stehend im Gang essen.

Ich konnte Sanchez trotzdem gut leiden. Er hatte Selbstironie. Einmal fragte ich ihn, wie viele Liegestütze er schaffen würde. Seine Antwort, „Alle!", bewies Originalität.

Die Blaustiche mit Sanchez waren gefürchtet. Einmal sauste er bei einer Blaulichtfahrt mit 190 km/h über die Leopoldstraße zu einem Einbruchsalarm. Mit ihm zu einem Einsatz zu fahren war eine Mischung aus

Achterbahn- und Geisterbahnfahrt. Kongo-Sepp und Sanchez fuhren oft zusammen Streife. Sie waren ein wahres Dreamteam.

Später erfuhr ich, warum Sanchez sich so verhielt. Er war mit Anfang 20 ein sehr guter Schwimmer gewesen und hatte beste Chancen, Profi zu werden. Ein schwerer Sturz beim Radfahren inklusive Kopfverletzung hatte diese Pläne jedoch durchkreuzt. Seitdem dachte er laut.

Tschechen-Hias

Matthias war um die 50. Er war geschieden und davor mit einer Tschechin verheiratet gewesen. Deswegen nannten ihn alle „Tschechen-Hias".

Tschechen-Hias hatte einen riesigen Hendlfriedhof. Sollten Sie aus Nordfriesland oder Eckernförde kommen: Ein Hendlfriedhof ist eine große Ansammlung von Fettzellen am Bauch einer meist männlichen Person. Tschechen-Hias' Bewegungsabläufe wirkten, als sei er etwa drei Leberkässemmeln vom Herzinfarkt entfernt.

Tschechen-Hias hatte die Hauptschule besucht und anschließend eine Lehre zum Metzger absolviert. Erst dann hatte er sich bei der Polizei beworben. Tschechen-Hias' Englisch war, wie bereits erwähnt, legendär. Als ich eines schönen Tages mit ihm in der Fußgängerzone auf Streife war, sprach uns ein arabischer Medizintourist an. Er wollte wissen, wie es denn sein könne, dass junge Frauen in aufreizender Kleidung herumschlenderten und wir als Polizei diese Frauen nicht einfach einsperrten.

Tschechen-Hias erklärte: „In Germany we have a guilty groundlaw."

Ein andermal begehrte ein vom Oktoberfest kommender, schrecklich betrunkener irischer Tourist Einlass in einen Nachtclub. Der Türsteher wies den Mann ab. Der Mann zog ein Messer und machte eine Stichbewegung in dessen Richtung. Der Türsteher, ein uns wohlbekannter Herr aus Albanien, streckte den Iren daraufhin mit einem gezielten Faustschlag zu Boden. Der Ire erlitt eine riesige Platzwunde. Wir nahmen den Verletzten fest und fuhren ihn in die Haftanstalt. Der Ire beschwerte sich, dass der Türsteher ihn geschlagen hätte. Tschechen-Hias erklärte ihm daraufhin nur lapidar: „You have earned it."

Als uns eine englische Touristenfamilie fragte, wo man denn in der Umgebung am besten Essen gehen könne, deutete Tschechen-Hias in Richtung Marienplatz. Dort befinden sich bekanntlich viele sehr gute deutsche und internationale Restaurants. „Don't go sere with children!", sagte er dann und deutete in Richtung Hauptbahnhof. Dann fügte hinzu: „Sere is a social burnpoint."

Als wir wieder einmal gemeinsam Streife fuhren, fragte Tschechen-Hias: „An meinem Geburtstag bist du schon am Start, oder?"

„Klar!", antwortete ich.

„Super", sagte er, „wir grillen bei mir im Garten. Ich hab vier Flaschen Bambusschnaps aus Hongkong."

Tschechen-Hias' Geburtstagsparty verlief dann auch sehr unterhaltsam. Bei männlichen Polizisten gilt Trinkfestigkeit noch immer als Indiz für Stärke. Die

Gartenpartys bei Tschechen-Hias waren berühmt-berüchtigt. Ich hatte dort die ein oder andere alkoholbedingte Nahtoderfahrung. Tschechen-Hias veranstaltete eine Grillparty auf seiner Terrasse in einem Vorort von München. Anwesend waren elf Kollegen der Dienststelle und drei Freunde aus seinem privaten Umfeld. Auch Tschechen-Hias' Ex-Frau war eingeladen. Die Party verlief feucht-fröhlich. Tschechen-Hias rechnete am nächsten Tag aus, dass jeder Gast zwölf Bier getrunken hatte. Zudem gab es noch mehrere Flaschen Bambusschnaps.

Wir saßen auf Bierbänken gemütlich beisammen, unterhielten uns, aßen und tranken. Tschechen-Hias' Ex-Frau hatte eine geschwollene Backe wegen eines kariösen Weisheitszahns. Tschechen-Hias war schon leicht angeheitert und fragte mitfühlend: „Und wie geht's deinem Weisheitszahn?"

Seine Ex-Frau erwiderte: „Ist kein Weisheitszahn, ist jetzt Schwarzheitszahn" und präsentierte ihren geöffneten Mund. Darin konnte man den Schwarzheitszahn erkennen, der aussah wie ein kleines Stück Kohle.

Alle wandten sich angewidert ab: „Bäääuaaahhh!"

Gewisse politische Kräfte fordern, man solle nicht zusammenführen, was kulturell nicht zusammenpasst. Ich stimme diesen Leuten zu, zumindest was das innerdeutsche kulinarische Verhältnis angeht:

Um 20:13 Uhr mitteleuropäischer Zeit beging nämlich ein Kollege, der aus Ost-Berlin stammte, ein kulturhistorisches Kapitalverbrechen, für das man ihm vor 250 Jahren noch wegen groben Unfugs sämtliche Bürgerrechte entzogen und ihn im Wald ausgesetzt hätte: Er grillte eine Weißwurst und verschlang diese mit Curry-Ketchup. Ist das zu fassen? Der Kollege hieß Frank, musste aber auf den Namen „Zonen-Frank" hören.

Scheinbar waren wir so laut, dass sich bereits wenig später eine Nachbarin bei Tschechen-Hias am Gartenzaun beschwerte. Seine Ex-Frau war schon ziemlich angeheitert und weil ein weiblicher Koch eine Köchin ist, sagte sie zur Beschwerdeführerin: „Geh weg jetzt, du Arschlöchin!"

Auf der Party gab es auch PSG. PSG klingt wie die neue Einsatzwaffe der Polizei bedeutet aber „Polizei-Spezial-Getränk". Man mischt Starkbier mit Limonade und kippt ein Schnapsglas Bambusschnaps und ein Schnapsglas Ochsenblut hinein. Das Blut bezog Tschechen-Hias von einem örtlichen Metzger. Das Rezept verriet ich einmal einem befreundeten Bierbraumeister. Dieser sagte nur angewidert: „Igitt! Bier und Limo gemischt?" Der Bambusschnaps und das Ochsenblut schienen ihn nicht zu irritieren.

Tschechen-Hias' Ex-Frau unterhielt sich lange mit einer Kollegin über Männer. Dabei sagte sie: „Ich habe mir immer eine Latino-Mann gewünscht, es hat aber nur für eine dicke Deutsche gereicht."

Nach zirka acht Bier und einigen PSG kollabierte dann Zonen-Frank in Tschechen-Hias' Wohnzimmer ohne Fremdeinwirkung in den Glastisch. Wie durch ein Wunder blieb er unverletzt. Vom Ethanol umnebelt, bildete er sich ein, dass Tschechen-Hias' Ex-Frau ihn geschubst habe. Aus voller Kehle plärrte er sie an: „Du widerliche Hure, warum hast du mich geschubst?"

Gott sei Dank war Tschechen-Hias bestens vernetzt. Er kannte die Polizeibeamten der örtlichen zuständigen

Dienststelle und rief diese herbei. Zwei junge Kollegen fuhren den desolat besoffenen Zonen-Frank in seine Wohnung. Bestimmt waren sie nicht unbedingt erfreut darüber, dass er sich im Streifenwagen übergab.

Um 01:30 Uhr hatten dann Tschechen-Hias und seine Ex-Frau einen heftigen Streit. Ich kann mich nur schemenhaft daran erinnern, dass die gute Frau im Garten am Boden lag und Tschechen-Hias weinend anschrie: „Ich bin voll mit Wut und Liebe!"

Ich fuhr an diesem Abend mit der S-Bahn nach Hause, ging jedoch noch zu Fuß in die McDrive-Spur eines McDonald's und holte zwei Bier für daheim. Der McDonald's Angestellte sagte, das sei ihm in sieben Jahren noch nie passiert.

Tschechen-Hias hatte am nächsten Tag noch so viel Restalkohol, dass er erst abends fahrtüchtig wurde. Deshalb brachte er den Partymüll und den Müll der vergangenen Tage erst zwei Tage später weg. Nach circa 20 Jahren Schichtdienst war er dem Alkoholmissbrauch nicht unbedingt abgeneigt. Wie er berichtete, befanden sich im Glasmüll 180 leere Flaschen Bier, 29 Weinflaschen, neun Flaschen Bambusschnaps – und ein Gurkenglas.

Ich hatte Tschechen-Hias zum Geburtstag übrigens einen mexikanischen Schnaps namens „Mezcal" geschenkt. Die Besonderheit an diesem Schnaps ist, dass sich aus Marketing-Gründen eine tote Raupe darin befindet. Tschechen-Hias sagte ein paar Monate später zu mir: „Vorgestern habe ich deinen Schnaps aus Mexiko getrunken, der war echt gut."

Ich fragte: „Was sagst du eigentlich dazu, dass da ein Wurm drin war?"

Tschechen-Hias sah mich bloß verständnislos an und fragte: „Welcher Wurm?"

Die rosa Couch

Mandy-Cheyenne Zschöschke war Kellnerin im Augustiner-Biergarten. Sie stammte aus einem bayerischen Dorf mit Bauernhöfen und einer kleinen Dorfkapelle. Natürlich nicht! Sie kam aus Sachsen und, wie der Name schon vermuten lässt, war sie eine dieser Hartz-IV-Mamas, die sich in genialen TV-Formaten wie „Frauentausch" selbst verwirklichen wollen. Sie hatte einen Halbbruder namens Jens-Rocky Gasirske.

Mandy-Cheyenne sah aus, als hätte sie sich Quentin Tarantino nach ein paar Folgen des RTL Formats Köln 50667 ausgedacht. Genauso verhielt sie sich auch. Ihre Haare hatte sie entweder knallrot oder lila gefärbt. Eine Seite war kahlrasiert. Selbstverständlich hatte sie ein Zungen-, ein Nasen- und ein Lippenpiercing. Sie hatte auch diverse Tattoos, was aber nicht weiter verwunderlich ist. Ich habe weder privat noch dienstlich jemals eine untätowierte oder ungepiercte Mandy kennengelernt. Achten Sie mal darauf!

Weil Arschgeweihe aus der Mode waren, hatte Mandy an der rechten Brust eine rote Rose tätowiert. Mandy liebte rote Rosen. Innen auf ihrem Handgelenk stand „Carpe Diem". Mandy wusste natürlich, was es bedeutete. Sie dachte allerdings, es sei italienisch. Um den Tod ihres Katers besser verarbeiten zu können, hatte sie sich dessen Antlitz auf den Oberschenkel tätowieren lassen. Auf ihrem rechten Unterarm war der Name ihres Neffen Justin-Mike mit seinem Geburtsdatum, dem 16.11.2009, eintätowiert. Die Sechs bei der 16 sah etwas krakelig aus. Auf dem Weg zum Tätowierer hatte Mandy das Geburtsdatum von Justin-Mike vergessen und beim Tätowierer irrtümlich den 10.11.2009 angegeben. Die Sache kam erst bei einer Familienfeier auf. Als Mandy ohnehin wieder mal beim Tätowierer war, ließ sie die Null in eine Sechs umändern. „Das ist jetzt aber nicht versteckte Kamera oder so?", hatte dieser nur gefragt.

Mandy hatte zudem auf dem Rücken mehrere asiatische Schriftzeichen, deren Bedeutung sie aber nach vier Jahren vergessen hatte. Ein in die Ferne fliegender Schwarm Vögel auf ihrem linken Schulterblatt sollte ihre sensible Seite demonstrieren. Und weil das Künstlerische nicht zu kurz kommen durfte und sie Techno-Musik liebte, hatte sie hinter ihrem rechten Ohr einen kleinen Notenschlüssel tätowiert. Mandys Lieblingssänger war DJ Mirko aus Hoyerswerda. Bei Myspace hieß sie früher Mandy Malibu. Bei Instagram hieß sie jetzt MandySweet-Candy.

„Die bums ich noch!", sagte Kongo-Sepp, als er mal wieder über sein Handy strich und Tinder checkte. Er saß in der Isarwache, und weil es bereits 01:30 Uhr war, herrschte kein Publikumsverkehr mehr. Sanchez saß einen Tisch weiter und hatte seine Füße auf den Schreibtisch gelegt.

Kongo-Sepp fragte Sanchez: „Sollen wir ein paar Trinkler jagen?"

„Von mir aus, ich muss nur noch kurz pissen", antwortete Sanchez.

Als „Trinkler" werden in Polizeikreisen Individuen bezeichnet, die so viel Alkohol getrunken haben, dass sie nach deutschem Recht kein Kraftfahrzeug mehr lenken dürfen. Vielleicht haben Sie mal München besucht oder wohnen hier und wundern sich, warum man als Autofahrer oft kontrolliert wird. Nun, das liegt daran, dass bei der Polizeiführung Beamte, die besonders viele Trinkler erwischen, als fleißig gelten. Fleißige Beamte werden schneller befördert als faule Beamte und erhalten eine bessere Beurteilung. Als faul gelten bei der Polizeiführung Beamte, die wenige Trinkler vorweisen können. Faule Beamte werden nicht so schnell befördert wie fleißige Beamte und erhalten eine schlechtere Beurteilung. Dies führt dazu, dass es viele Polizisten gibt, die Trinkler jagen.

Sanchez und Kongo-Sepp fuhren also hinaus auf Streife. Im Fach für die Kaffeebecher standen zwei Red Bull. Sanchez: „Hast du die Lunte heute schon gerockt?"

„Klar! Bei einer Seitenmaid. Eine Stunde wie ein Irrer und dann abgeschnudelt in die Oralflanke", antwortete Kongo-Sepp.

Sie klatschten ab und lachten. Die Gespräche zwischen ihnen verliefen eigentlich immer so.

Kongo-Sepp: „Hast du dir den Schnudelmeister eigentlich schon mal vor dem Akt mit Kaffee eingerieben?"

Sanchez hätte beinahe das Red Bull ausgespuckt. „Was soll das denn bringen?"

Kongo-Sepp: „Deine Hausmaid oder Seitenmaid nimmt das Koffein mit den Schleimhäuten auf. Das wirkt stimulierend."

Stille.

Sanchez machte das Radio an. Nach ein paar Minuten fiel das Wort „Frauenquote".

Kongo-Sepp: „Was? Gleichbehandlung von Männern und Frauen? Das ist doch Bolschewismus!" Er lachte herzhaft über seinen eigenen Witz.

Sanchez steuerte den Einsatzwagen. Kongo-Sepp saß auf dem Beifahrersitz und tippte auf seinem Handy herum.

Kongo-Sepp: „Na, du geiles Luder! Sollen wir es vielleicht mal miteinander tun? Ich hätte schon ziemlich Lust auf dich!"

„Drehst du jetzt völlig durch?", fragte Sanchez entsetzt.

„Mensch, Sanchez", beschwerte sich Kongo-Sepp, „unterbrich mich nicht! Ich schicke über WhatsApp eine Audio an eine Seitenmaid!"

Sanchez lachte: „Ach so. Ich dachte, bei dir ist da oben eine Synapse gerissen. Damit rechne ich bei dir nämlich schon länger."

Drei Minuten Stille.

Sanchez: „Ich habe letztens in der Zeitung gelesen, dass irgendein saudischer Prinz eine 16-Jährige heiraten will. Unfassbar, oder?"

„Pfff!", machte Kongo-Sepp, „mit so einer alten Frau machst du dich da unten doch zum Gespött des Tages!"

Sanchez überlegte kurz und lachte. Kongo-Sepp grinste.

Sanchez: „Mein 15-jähriger Cousin hat letztens einen rausgehauen. Wie wird Adolf Hitler auf einer Waldorfschule genannt? Der, dessen Namen nicht getanzt werden darf."

Beide mussten lachen.

Sanchez: „Ich hab letztens etwas Exotisches abge-schleppt. Ne indische Austauschstudentin. Die hatte allerdings ätzende Pickel am Arsch."

„Lieber Pickel am Arsch als im Gesicht", sagte Kon-go-Sepp. „Ich beschäftige mich zurzeit übrigens mit Schopenhauer. Laut seiner Lehre stehen die Schnu-delkatzen nicht auf Intelligenz, sondern Mut und Stärke. Ich kann dem beipflichten. *Intelligenz macht sexy*, so ein Schwachsinn! Hast du auf einem Erotikkalender für Frauen jemals einen Fettsack gesehen, der stolz ei-ne Urkunde zeigt, auf der steht, dass er einen IQ von 140 hat? Natürlich nicht! Die Schnudelkatzen wollen Muskeln sehen. Laut Sigmund Freud beurteilen sie den Mann unterbewusst ausschließlich nach Äu-ßerlichkeiten. Für dich ist das ein Vorteil, Sanchez, denn im Grunde genommen bist du charakterlich ein ziemliches Arschloch!"

Mandy hatte an diesem Tag bis 01:00 Uhr im Augus-tiner gekellnert. Sie musste im Dirndl arbeiten. Vor-gabe vom Chef. Im Dirndl sahen ihre Brüste wie eine Mischung aus Krapfen und Presswürsten aus. Wenn sie kellnerte, bekam sie oft Nummern zugesteckt. Meist waren es betrunkene Engländer oder Amerikaner. Nach der Arbeit war sie mit Kolleginnen selbst noch etwas trinken. Sie trank zwei Aperol Spritz. Dann fuhr sie mit ihrem rosa VW Polo in Richtung ihrer Wohnung. Mandy hatte ein türkisfarbenes Sommerkleid und da-zu modische Springerstiefel an. Der Aschenbecher war voller Zigaretten. Im Auto roch es nach Mandy. Das heißt, genaugenommen roch es nach süßlichem Billig-parfum. Am Innenlicht hing eine kleine rosa Plüsch-katze, die eigentlich als Schlüsselanhänger gedacht war. Mandy stand an einer Ampel, nur etwa 50 Meter von ihrer Wohnung entfernt. Plötzlich überkam sie ein unangenehmes Gefühl. Sie fühlte sich beobachtet. Sie blickte nach links. Ein Streifenwagen. Zwei Beamte musterten sie wie paarungshungrige Stiere. Es waren Kongo-Sepp und Sanchez.

Kongo-Sepp zu Sanchez: „Die könnte was sein, sieht aus wie so eine Champagner-Schlampe. Sollen wir die mal zur Kontrolle rausziehen?"

Sanchez: „Rausziehen will ich gar nichts aus der, eher reinstecken!"

Sanchez deutete Mandy an, dass sie ihr Fenster herunterlassen soll. „Fahren Sie nach der Ampel mal rechts ran zur Kontrolle! Danke."

Mandy hielt an. Kongo-Sepp und Sanchez stiegen aus. Kongo-Sepp ging zum Fahrerfenster von Mandys Auto.

„Grüß Gott, Verkehrskontrolle. Wo kommen Sie denn gerade her?"

„Ähhhhh, von der Arbeit."

„Wo arbeiten Sie denn?"

„Ähhhhh, im Augustiner."

„Haben Sie Alkohol getrunken?"

Es war Mandys erste Kontrolle, und sie hatte gehört, dass man am besten lügen soll:

„Ähhhhh, nur einen Aperol Spitz, ähhhhh, Sprizzz." Mandy kicherte.

Sie gefiel Kongo-Sepp. Er mochte tätowierte und gepiercte Frauen. Er nannte sie „Fetisch-Bräute".

Kongo-Sepp zwinkernd: „Okay, mit einem Aperol Spitz sind Sie mit Sicherheit unter dem Wert. Steigen Sie doch kurz aus für den Test!" Das „Spitz" hatte er natürlich betont.

Mandy stieg aus und ging zum Streifenwagen. Kongo-Sepp streckte Mandy den kleinen Alko-Test entgegen. „Okay, ich erklär es Ihnen. Sie pusten einfach so lange in das Röhrchen, bis ich ‚Stop!' sage."

„Ähhhhh, okay", sagte Mandy.

Mandy hatte gehört, dass man, wenn man Alkohol getrunken hat und kontrolliert wird, Zeit schinden soll. Sie nahm das Stäbchen in den Mund und saugte leicht daran, sodass keinerlei Atemluft hineingelangte. Doch es fiel auf.

Sanchez: „Nein, Sie müssen blasen. Nicht saugen, verstehen Sie? Blasen. Das können Sie sicher gut!"

Kurze Stille. Damit hätte selbst Kongo-Sepp nicht gerechnet. Dann mussten alle drei lachen. Mandy machten solche Sprüche nichts aus. Es war genau ihr Humor. Mandy pustete jetzt ganz leicht in das Röhrchen. Sie wusste, dass sie mit zwei Aperol Spritz, die sie schnell getrunken hatte, wohl knapp über dem erlaubten Wert sein dürfte. Sie wusste auch, dass der Test, den sie machte, nicht als gerichtsverwertbar galt, sondern auf der Dienststelle noch ein beweissicherer Test gemacht werden musste, und deshalb dachte sie: „Zeit schinden!"

Sanchez: „Du bläst ja gar nicht, ähhh ..., Sie blasen ja gar nicht."

Mandy: „Ähhhhh, okay, sorry Jungs, aber ich hab echt voll wenig Luft, ey."

Für den Fachunkundigen muss erwähnt werden, dass in Deutschland die Alkoholgrenze bei 0,25 mg pro Liter beziehungsweise 0,5 Promille liegt. Liegt man darüber, muss man den Führerschein für einen Monat abgeben und zahlt ein Bußgeld von 500 Euro. Der Führerschein ist aber nicht sofort weg, sondern man kann den Zeitraum für die Abgabe selbst wählen. Ab 1,1 Promille wird der Führerschein jedoch entzogen.

Mandy dachte: „Scheiße, bis jetzt ging alles gut. Wenn ich über dem Wert bin, bin ich voll am Arsch."

Sanchez mahnte: „Wenn Sie diesen Test nicht schaffen, müssen wir mit Ihnen in die Rechtsmedizin fahren und Ihnen Blut abzapfen!"

Und darin lag das nächste Problem. Neben Schlangen, Spinnen, Heuschrecken und roten Stühlen hatte Mandy eine starke Phobie vor Nadeln. Und so kam es, dass Mandy so stark sie nur konnte in das Röhrchen pustete.

Sanchez grinste: „Geht doch."

Sanchez grinste eigentlich immer. Bis das Ergebnis des Tests da ist, dauert es in der Regel ein paar Sekunden. Das Gerät rechnete. Rechnete. Rechnete. Es fühlte sich für Mandy wie eine Ewigkeit an. Dann war das Ergebnis da. Kongo-Sepp hielt das Gerät in den Händen. Sanchez lugte neugierig über Kongo-Sepps Schultern. 0,26 mg pro Liter. Knapp drüber.

Kongo-Sepp: „Tut mir leid, Sie sind ganz knapp drüber. Wir müssen mit Ihnen jetzt zur Dienststelle fahren und einen beweissicheren Test machen. Ist es okay, wenn mein Kollege Ihren Wagen umparkt?"

„Ähhhhh, ja, okay, ich kann ja jetzt eh nichts machen."

Kongo-Sepp: „Ich brauche noch Ihren Führerschein."

„Ähhhhh, den hab ich zu Hause, aber Sie haben die Daten ja bestimmt im Computer, hier ist mein Ausweis", antwortete Mandy.

Sie streckte Kongo-Sepp ihren Personalausweis entgegen.

„Ja, von mir aus. Steigen Sie bitte ein."

Auf der Fahrt zur Dienststelle erzählte Mandy Kongo-Sepp und Sanchez allerlei Geschichten von ihren Phobien und was ihr Psychotherapeut davon hielt. Sanchez hatte Mandys Personalausweis in der Hand: Mandy-Cheyenne Zschöschke, geboren in Karl-Marx-Stadt.

„Wo bitte liegt denn Karl-Marx-Stadt?", fragte Sanchez.

Mandy: „Ähhhhh, das ist jetzt Chemnitz."

Sanchez sagte: „Ach so!", und lachte kurz.

Auf der Dienststelle angekommen, führten sie Mandy in einen Raum, in dem sich der beweissichere Alko-Test befindet. Dieser heißt übrigens höchstmodern „Evidential". Es ist ein blauer Kasten mit einem Schlauch.

Kongo-Sepp erklärte: „Sie pusten jetzt bitte so lang in den Schlauch, bis die Sternchen auf dem Display langsam verschwinden." Er war der Meinung, das mit dem Sternchen-Wegpusten hätte man sich als Hilfestellung für ehemalige Waldorfschüler ausgedacht.

Kongo-Sepp wandte sich noch einmal an Mandy: „Holen Sie tief Luft und dann los!"

Mandy hatte alle Mühe, doch sie dachte an die Nadel bei der Blutentnahme und so pustete sie alle Sterne weg.

Kongo-Sepp: „Hervorragend. Das ganze jetzt noch einmal."

Wenig später war das Ergebnis da.

Kongo-Sepp grinste „Sie haben Glück, Frau Zschöschke. 0,24 mg/pro Liter. Knapp drunter."

Mandy jubelte: „Yeeeeeeeah!", und klatsche in die Hände.

Mandy: „Können Sie mir ein Taxi rufen?"

Sanchez: „Ach was, wir fahren Sie schnell heim."

Im Auto erklärte Mandy den beiden ihre Tattoos. Sie erfuhr dabei auch, dass ‚Carpe Diem' eigentlich Latein ist.

„Echt jetzt?", fragte sie verwundert.

„Ja!", antworteten Kongo-Sepp und Sanchez gleichzeitig.

Mandy erzählte auch ausgiebig von ihren Phobien und ihrer Kindheit und sagte: „Ich bin ziemlich sicher, dass ich eine Postdramatische Belastungsstörung habe."

Sie gestand den beiden auch, dass sie in ihrer Jugend in Chemnitz eine Zeit lang zwanghaft in einem Supermarkt Kaugummis geklaut hatte. In der Fachwelt würde man diese Störung „Klaustrophobie" nennen.

„So, da wären wir", sagte Kongo-Sepp, als sie mit dem Wagen vor Mandys Wohnung standen. Ein stinknormales Mehrfamilienhaus aus dem Jahr 1990. Dann Stille. Fünf Sekunden einfach Stille. Es war diese Stille, die leiser war als normale Stille. Mandy stieg einfach nicht aus.

Mandy: „Ähhhhhhh."

Sanchez: „Ja?"

Mandy: „Wollt ihr vielleicht auf ein Red Bull mit hochkommen?"

Sie hatte das Wort Kaffee extra vermieden.

Die Jungs schauten sich nervös an.

Kongo-Sepp: „Danke, nein! Die Einsätze stauen sich."

Sanchez warf ein: „Warum eigentlich nicht?"

Kongo-Sepp: „Na schön, aber nur kurz."

Sanchez funkte die Einsatzzentrale an: „Wir sind mal 'ne Zeit nicht einsatzklar, machen Standkontrolle an der Maximilianstraße."

„Verstanden."

Sie gingen zu Mandys Erdgeschoßwohnung.

„Seid so lieb und zieht die Schuhe aus, Jungs."

Mandy hatte eine Wohnung, die ihre Persönlichkeit widerspiegelte. Es war eine geräumige Zweizimmerwohnung im Erdgeschoß mit Garten. Im Wohnzimmer stand eine rosa Couch mit Kissen in Herzform und einem Plüsch-Einhorn. Im gleichen Zimmer war noch eine weiße Schrankwand mit einer Vitrine, in der Weingläser standen. In der Schrankwand war ein riesiger Fernseher, der so groß war, dass er selbst fast eine tragende Wand hätte sein können. Auf diesem Fernseher lief meistens Dschungelcamp. Als zwei Tage zuvor Michael Wendler rausgeflogen war, war Mandy so am Ende gewesen, dass sogar ihre besten Freundinnen Peggy und Chantal kurz vorbeikommen mussten. Im Kühlschrank stand eine Flasche Sekt, für den Fall, dass „Fabrizio" und „JJ" in der Sendung „Berlin - Tag & Nacht" doch noch mal heiraten würden. Sie gehörten doch einfach zusammen!

Auf der rosa Wand in Mandys Wohnung stand in babyblauer Schrift: „Wer einzigartig sein will, muss zuerst anders sein."

Natürlich war der Spruch von einem lila Herz umrahmt. Überall hingen Sprüche in rosa Schrift, von denen Mandy jetzt wusste, dass es Latein war. Auf der Schrankwand standen diverse Bilder ihres Neffen Justin-Mike. Justin-Mike hieß übrigens nicht zufällig so. Mandys Schwester erhoffte sich dadurch, dass ihr Sohn später einmal sanft wie Justin Bieber und stark wie Mike Tyson würde. Sie wusste nicht, dass 90 Prozent aller Justin-Mikes mal im Knast landen. Ich führe darüber eine Privatstatistik. Bei Kevin liegt die Chance übrigens bei 28 Prozent. Kongo-Sepp hatte einmal gesagt: „Kevin ist kein Name. Kevin ist ein Zustand!"

Mandy hatte viele Schuhe. Sehr viele. Wenn man Kongo-Sepp Glauben schenken will, waren es 263 Paar! Ich kann mir das bis heute nicht vorstellen, aber Kongo-Sepp wollte mir sogar eine eidesstattliche Versicherung schriftlich aushändigen. Mandy war auch im Besitz von elf verschiedenen Sonnenbrillen. Sie gehört somit zu den Menschen, die mehr Sonnenbrillen besitzen als ich Unterhosen.

Mandys Wohnung roch unglaublich gut nach Putzmittel und Shampoo. Mandy liebte nicht nur rote Rosen, sondern sie liebte Putzen und Duschen so sehr, dass es irgendwann zum Zwang wurde. Sie duschte mindestens sechsmal am Tag. Ihr Psychotherapeut meinte dazu, Mandy mache sich unterbewusst Vorwürfe, weil ihr Vater die Familie verlassen hatte, als sie fünf Jahre alt war. Mit ihrem Dusch- und Putzzwang wolle sie die Vorwürfe kompensieren und sich selbst „reinwaschen".

Kongo-Sepp und Sanchez zogen ihre Schuhe aus und gingen in die Wohnung, wo sie sogleich von Mandy-Geruch umschmeichelt wurden.

Kongo-Sepp: „Können wir irgendwo rauchen?"

„Klar, auf der Terrasse im Garten. Macht's euch gemütlich. Ich dusche kurz und bring euch dann euer Red Bull."

Mandy war seit ihrer Jugend gut zu Vögeln. Und genau deshalb ließ sie in ihrem kleinen Garten Gras und Sträucher ungehindert wachsen. Sie wollte Lebensraum für ihre Lieblingstiere schaffen. Ihr Lieblingsvogel war die Blaumeise. Einmal hatte sie ein Nachbar angesprochen und ihr mitgeteilt, dass ihr unordentlicher Garten bereits das Geschwätz der Nachbarschaft sei. Weil Mandy das nicht auf sich sitzen lassen wollte, bastelte sie extra ein kleines Schild und schrieb mit rosa Edding darauf: „Liebe Nachbarn, dieser Garten ist nicht unordentlich, sondern ein Lebensraum für Tiere. Ich schneide meine Büsche nicht, denn ich liebe Vögel."

Mandys Terrasse hatte eine Sitzecke aus rosa gestrichenen Paletten mit rosa und lila Kissen. In der Mitte stand ein kleiner Tisch. Eine leere Weinflasche diente als Kerzenständer für eine rote Duftkerze. Auf dem Tisch stand noch ein Aschenbecher, der mit Glitzersteinchen bestückt war. Im Aschenbecher befanden sich 44 Zigarettenkippen. Mandy hatte sie am Tag zuvor gezählt. Draußen war es stockdunkel. Nur das Licht der Straßenbeleuchtung erhellte die Szene ein wenig. Da saßen sie also. Kongo-Sepp und Sanchez. In einem Garten, der ein Ort für Vögel war. Dann kam Mandy und brachte den beiden je eine Dose Red Bull.

„Sorry, dass ihr warten musstet, Jungs."

Alle drei waren nervös, und deshalb unterhielten sie sich darüber, wie das Wetter die nächsten Tage wohl werden würde.

„Jungs, mir ist kalt, raucht in Ruhe zu Ende, ich geh rein, da können wir noch ein bisschen quatschen", sagte Mandy.

„Jo", antworteten die beiden Charmeure gleichzeitig.

Mandy ging nach drinnen.

Sanchez leise: „Was hältst du von der?"

„Taugt. Klassische Fetisch-Braut", sagte Kongo-Sepp.

Kongo-Sepp: „Kalt ist es, lass uns reinschnudeln."

Sie öffneten die Terrassentüre und er blickte sie an. Er hatte dunkle Augen. Es war Ronny.

Sanchez: „Ähhhhhh."

Sein Streifenpartner war ebenfalls verdutzt: „Puh."

Kongo-Sepps Testosteronproduktion schoss exponentiell in die Höhe. Ronny war kein Mensch. Ronny war Mandys verstorbener Kater, dessen Gesicht auf ihrem Oberschenkel verewigt war. Mandy war splitterfasernackt.

Mandy sagte: „Damit habt ihr nicht gerechnet, was?"

Mandy wollte das schon immer mal machen, und weil sich Kongo-Sepps und Sanchez' Interesse an Frauen auf die rein körperliche Ebene beschränkte, führten beide in dieser Nacht bei Mandy eine nicht dienstliche anatomische Studie durch. Mandy bestand darauf, dass Kongo-Sepp und Sanchez ihre Uniformen anließen und lediglich ihre Hosenschlitze öffneten. Es muss ein groteskes Bild gewesen sein. Stellen Sie sich die gertenschlanke Mandy-Cheyenne Zschöschke vor, wie sie sich, beweglich wie ein Aal und gelenkig wie eine Wildkatze, auf ihrem rosa Sofa in höchster Erregung räkelt, während sie mit Kongo-Sepp und Sanchez in ihren Uniformen ästhetisch interagiert. Mandy juchzte vor Hochgenuss. Langsam, sehr langsam kam sie ihrem Höhepunkt entgegen. Mandys Höhepunkte waren extrem. Wie eine Art neuzeitlicher Urknall. Kongo-Sepp und Sanchez gaben ihr Bestes. Beide waren in ihren Uniformen irgendwann völlig verschwitzt. Nach noch einmal 30 Minuten passierte es dann. Mandys Libido explodierte förmlich. Sie schrie eine Stöhn-Arie heraus, die so gewaltig war, dass ein Seismograf am Bodensee für den süddeutschen Raum ein Erdbeben der Stärke 0,1 verzeichnete.

Eineinhalb Stunden später saßen Kongo-Sepp und Sanchez wieder im Streifenwagen. Kongo-Sepp feixte: „Simultaner Bumsreigen im Oralparadies. Diese Schnudelkatze hatte ja mal 'nen epileptischen Orgasmus, der seinesgleichen sucht."

Beide klatschten ab.

Sanchez: „Alter Schwede, ist die eskaliert. Wie die mein Tiefenruder bearbeitet hat!"

„Wir sind wieder einsatzklar", funkte Kongo-Sepp.

Kongo-Sepp: „Bei dieser Maßnahme wurde der Gleichgeschlechtlichkeitsgrundsatz nicht beachtet."

Beide lachten sich halbtot.

Der Gleichgeschlechtlichkeitsgrundsatz besagt, dass Männer nur von Männern und Frauen nur von Frauen körperlich durchsucht werden dürfen.

Kongo-Sepp: „Hätte nicht gedacht, dass wir im Dienst mal eine vergenüsslichen. Diesen Fall haben wir sauber analysiert."

Gelächter in der Lautstärke eines Güterzugs. Das „anal" hatte er wie immer betont.

Sanchez: „Jetzt brauchen wir neue Hello Kitty-Haarspangen."

Ja, Sie haben richtig gelesen. Beide trugen auf ihren Einsatzwesten stets Hello Kitty Haarspangen. Tags zuvor hatte eine Frau bei einem Kleinunfall Sanchez gefragt, was es denn mit den Hello Kitty Haarspangen auf sich habe.

Sanchez antwortete: „Die sind von meiner Tochter: Ich trage sie, damit sie auch im Dienst immer bei mir ist und mich beschützt."

„Ach, wie herzerwärmend. Schönen Tag noch!", hatte die Frau gesagt.

Sanchez hatte keine Tochter. Intern wusste jeder, was gemeint war. Kongo-Sepp und Sanchez battelten sich, wer mehr Frauen im Dienst kennenlernte, die man dann privat „schnudelte". Gestern hatten beide noch drei Haarspangen an ihrer Weste. Es stand 3:3. Jetzt stand es 4:4.

Mandy hatte übrigens den sehr starken Drang, mit allen möglichen Männern spontan Sex zu haben. Ihr Psychotherapeut meinte dazu, Mandy wolle dadurch das Fehlen des Vaters in der Kindheit kompensieren.

Nachdem Sanchez und Kongo-Sepp Mandys Wohnung verlassen hatten, ging sie erst einmal duschen. Anschließend putzte sie sich aus gegebenem Anlass 20 Minuten lang die Zähne und gurgelte eine Viertelstunde. Dann setzte sie sich auf ihre rosa Couch und öffnete die Flasche Sekt, die sie eigentlich trinken wollte, wenn Fabrizio und JJ aus „Berlin - Tag & Nacht" wieder heirateten. Sie war froh, sehr froh. Denn Kongo-Sepp und Sanchez hatten es nicht bemerkt. Es war ihnen komplett entgangen. Mandy hatte großes Glück gehabt. Eigentlich wäre es für Kongo-Sepp und Sanchez ein Leichtes gewesen, es zu bemerken.

Mandy hatte keinen Führerschein. Kongo-Sepp war so sehr darauf fixiert gewesen, eine Alkoholfahrt aufzudecken, dass er nicht bemerkte, dass sie keine Fahrerlaubnis hatte. Durch die Überführung einer Alkoholsünderin wollte er bei der Polizeiführung als fleißiger Beamter gelten. Deshalb hatte er bei der Kontrolle selbst nicht nach dem Führerschein gefragt, sondern erst später nach dem Test. Da Mandy bei dem gerichtsverwertbaren Test unter den Wert gefallen war, hatten sie im Computer auch nicht nach ihren Führerscheindaten recherchiert.

Erinnern Sie sich an das Schild an Mandys Gartenzaun, auf dem stand, dass sie ihre Büsche wachsen lässt, weil sie Vögel liebt? Kongo-Sepp und Sanchez besorgten sich extra einen rosa Edding und fuhren in der nächsten Nachtschicht zu Mandys Wohnung.

Dem letzten Satz fügten sie den Buchstaben „N"
hinzu, sodass auf dem Schild stand: „Ich lasse meinen
Busch wachsen, denn ich liebe Vögeln." Mandy wun-
derte sich seitdem, warum ihre Nachbarn über sie lachten.

Die Geschichte mit Mandys Couch hat mir Kongo-
Sepp übrigens nach ein paar Bier im Augustiner-Bräu
erzählt. Und weil ich selbst eine alte Tratschnudel bin,
konsultierte ich am nächsten Abend Sanchez, der mir
die Vorkommnisse vollumfänglich bestätigte. Kongo-
Sepp bestand sogar darauf, zu Mandys Wohnung zu
fahren, um mir das kleine Schild zu zeigen. Ich musste
lachen, weil sie das „N" extra so geschwungen hatten,
als hätte es eine Frau geschrieben.

Kongo-Sepp sagte: „Die Weiber sind so kalkulierbar.
Könnte man das Fach Frauenpsychologie studieren,
hätten Sanchez und ich längst einen Doktortitel."

Er fügte noch hinzu: „Freud, der alte Casanova, hatte recht. In dem Moment, als Sanchez, Mandy und ich
uns an der Ampel anblickten, war uns allen drei unterbewusst schon klar, wo das Ganze enden wird: nämlich
auf Mandys rosa Couch."

Seit dieser Geschichte nannte Kongo-Sepp sein Handy nicht mehr ausschließlich „Eierphone", sondern hin
und wieder „Handy-Mandy".

Die Kiesgrube

Horst war 52 Jahre alt und obdachlos. Mit seinem zer-
fetzten Gewand und seinem vom Alkohol gezeichneten

Gesicht sah er aus wie ein sibirischer Bergbauarbeiter. Dazu trug er einen dieser Schnauzbärte, die man im Volksmund „Pornobalken" nennt. Horst stammte aus dem Ruhrpott. Seine kriminelle Karriere hatte schon sehr früh begonnen. Die Mutter war mit acht Kindern völlig überfordert. Der Vater war je nach Sichtweise ein saufender Malocher oder ein malochender Säufer. Horst hatte es aus beruflichen Gründen nach München gezogen, weil er sich dort als Kokainhändler versuchen wollte. Er scheiterte grandios. Einen Beruf hatte er nie gelernt.

Die Polizisten Gmeinwieser und Müller waren auf Streife. Gmeinwieser hatte blonde Locken und war 36 Jahre alt. Müller war 30 Jahre und hatte dunkle Haare. Beide trugen ebenfalls einen Pornobalken.

Müller war vor Kurzem der Besuch eines italienischen Restaurants zum Verhängnis geworden. Ein Kellner hatte seiner Ehefrau einen Zettel mit seiner Telefonnummer zugesteckt. Tinder per Flüsterpost. Kurze Zeit später reichte Müller die Scheidung ein. Seitdem war er oft schlecht gelaunt.

Im Radio lief „Like a hero" von Modern Talking.

„Das Geplärr hört sich an, als wenn eine Nonne einen Orgasmus schiebt", kommentierte Gmeinwieser. Es war Anfang Oktober und trüb.

„Isarwache 1", hallte es durch den Funk.

„Hört."

„Fahren Sie mal in die Tattenbachstraße 12, da ist ein Behindertenparkplatz verparkt."

„Verstanden!"

Gmeinwieser schimpfte: „Ach, wieder so ein langweiliger Kack-Einsatz."

„Sei doch froh!", abtwortete Müller. „Ich habe keinen Bock auf Action heute."

Der obdachlose Horst vertrieb sich die meiste Zeit mit Pfandflaschensammeln. Manchmal fuhr er mit der U-Bahn durch die Stadt, bis die Kontrolleure ihn hinauswarfen. So auch an diesem Tag. Er setzte sich hin und holte eine Zeitung hervor. Sie fiel ihm erst nach ein paar Sekunden auf. Sie hatte ihn schüchtern angeblickt.

Er erwiderte den Blick und schaute in hübsche braune Augen. Sie war erst acht Jahre alt und durfte erst seit Kurzem alleine U-Bahn fahren. Sie hatte dunkle Haare und trug ein kornblumenblaues T-Shirt. Es stand ihr. Sie hieß Anja. Anja gefiel ihm. Er setzte sich neben sie. Angst hatte Anja keine. Schließlich war sie ja nicht alleine mit Horst in der U-Bahn.

Plötzlich verstand sie, was er wollte. Er hatte ihre Hand genommen! Anja hatte in der Grundschule in einem Kurs gelernt, wie man sich als Kind in so einer Situation verhält. Sie musste Passanten auf ihre missliche Lage aufmerksam machen. Ihr gegenüber saß eine etwa 50-jährige Frau und las ein Buch.

Anja dachte: „Ich muss jetzt ruhig bleiben. Ich sage einfach der Frau, dass ich Hilfe brauche und alles wird gut."

Sie rief in Richtung der Frau, die nur etwa zwei Meter von ihr entfernt saß. Sie rief ganz laut, genau wie sie es in dem Kurs gelernt hatte: „Bitte helfen Sie mir, ich werde belästigt." Die Frau las weiter in ihrem Buch, so als wäre nichts passiert.

Anja rief noch einmal, diesmal noch lauter: „Bitte helfen Sie mir!!!"

Keine Reaktion. Erst jetzt verstand sie, dass sie die Wörter zwar dachte, aber sie war so starr, dass sich ihre Lippen einfach nicht bewegten. Die U-Bahn hielt. Horst stieg mit Anja an der Hand aus. Den Leuten in der U-Bahn war nichts aufgefallen. Wäre Horst gepflegter gewesen, wären sie sogar als Vater und Tochter durchgegangen. Anja machte keinen Mucks. Sie war wie gelähmt vor Angst. Sie fuhren mit der Rolltreppe nach oben und gingen die Straße entlang, vorbei an Cafés und Eckkneipen. Horst wollte mit Anja in einen nahegelegenen Park, in dem er früher oft übernachtet hatte.

Müller und Gmeinwieser standen an einer Fußgängerampel. Ein Mann, der rechts an der Ampel stand, schaute Gmeinwieser nervös an, lächelte dann aber. Jeder Polizist kennt diesen Blick. Man wird als Polizist immer nervös angeschaut, auch ohne Grund. Für die Fußgänger wurde es grün, und der Mann wechselte die Straßenseite in einer Menschentraube.

„Isarwache 1."

„Hört."

„Den Falschparker stellen wir hinten an. Schauen Sie mal in die Sternstraße. Da geht ein Obdachloser mit einem Mädchen an der Hand. Dem Kellner vom Café Grünes Eck kommt das komisch vor. Beschreibung: 1,80 Meter, Schnauzer, kurze graue Haare. Weitere Streifen folgen."

„Verstanden!"

Gmeinwieser überlegte. Sternstraße, Café Grünes Eck, da war er doch schon mal gewesen. Er überlegte weiter, er musste schnell denken jetzt. Dann fiel es ihm ein. Sie standen direkt davor. Der Mann der gerade so nervös geschaut hatte!

„Da ist er!", schrie Müller.

Er war auf der anderen Straßenseite. Er versuchte erst gar nicht zu flüchten. Müller und Gmeinwieser legten Horst Handschellen an. Ein hinzugerufener Rettungswagen untersuchte die äußerlich unversehrte Anja. Mehrere Streifen kamen hinzu. Müller und Gmeinwieser fuhren Horst zur Dienststelle. Müller steuerte den Wagen. Horst saß mit gefesselten Händen hinten rechts, Gmeinwieser saß links neben ihm.

Müller fragte: „Warum heißen alle Pädophile eigentlich Horst?"

Gmeinwieser vermutete: „Keine Ahnung. Weil sie alle Arschlöcher sind?"

Sie erklärten Horst, dass sie mit ihm jetzt auf die Dienststelle und nach Anzeigenaufnahme in die Ettstraße in die Haftanstalt fahren würden. Am nächsten Tag würde er dann einem Ermittlungsrichter vorgeführt. Dieser würde entscheiden, ob er in Untersuchungshaft käme. Horst kannte das Prozedere.

Bei einer T-Kreuzung wäre es zur Dienststelle eigentlich nach rechts gegangen. Müller fuhr nach links. Gmeinwieser sagte nichts, sie hatten das so abgesprochen.

Gmeinwieser erklärte Horst: „Wir haben vorhin vergessen, Ihnen zu sagen, dass wir mit Ihnen noch ins Krankenhaus fahren müssen. Da wird Ihre Haftfähigkeit überprüft."

„Macht das nicht ein Arzt auf der Dienststelle?", fragte Horst.

Müller und Gmeinwieser gleichzeitig: „Eigentlich schon, aber im Krankenhaus geht's schneller."

Horst: „Von mir aus, ich brauch nur irgendwann bald Wasser."

„Wasser", sagte Gmeinwieser und zögerte, „sollst du kriegen."

Müller steuerte den Wagen in Richtung Landshuter Allee. Gmeinwieser sagte zu Müller:

„Machts dir was aus, wenn ich bei meiner Wohnung kurz rausspring und meine Kippen hol? Gefesselt ist er ja."

„Kannst du nicht welche kaufen?", fragte Gmeinwieser.

„Hab kein Bargeld."

„Na schön, aber beeil dich. Das Krankenhaus wartet schon."

Das Wort „Krankenhaus" betonte Müller in Richtung Horst. Gmeinwiesers Wohnung lag tatsächlich auf dem Weg. Gmeinwieser joggte zu seiner Wohnung und verschwand in der Eingangstüre. Kurze Zeit später kam er zurück und sie setzten ihre Fahrt fort. Sie fuhren jetzt schon 30 Minuten.

Horst fragte: „Wie weit ist es denn bis zu diesem Krankenhaus?"

„Sind gleich da", antworteten Müller und Gmeinwieser gleichzeitig.

Sie fuhren nochmal zehn Minuten.

„Ihr solltet das nicht tun", sagte Horst und blickte nachdenklich aus dem Fenster.

„Was denn tun?", fragten Gmeinwieser und Müller erstaunt.

„Ihr wisst schon", sagte Horst, „mich ins Krankenhaus fahren. Auf der Dienststelle ging das mit der Haftfähigkeitsprüfung immer viel schneller."

Mittlerweile dämmerte es leicht. Dann waren sie endlich da. Horst überkam sofort ein schlechtes Gefühl, als er sah, wo sie waren. Er hatte ein paar Minuten auf den Boden geguckt und nicht bemerkt, dass sie bereits am nördlichen Stadtrand waren. Und sie war riesig: eine Kiesgrube, so groß wie zehn Fußballfelder. Das Einzige, was man von der Außenwelt mitbekam, war leiser Autobahnlärm. Sie zerrten ihn aus dem Auto. Müller schlug Horst in die Magengegend, sodass dieser zu Boden fiel.

„Du wirst nie wieder versuchen, dich an einem Kind zu vergehen!"

Horst kniete jetzt mit gefesselten Händen vor den beiden. Gmeinwieser sagte zu Müller: „Denk dran! Ab jetzt nur noch flache Hände, die können keine schweren Verletzungen verursachen. Das macht es schwer, uns was nachzuweisen."

Müller und Gmeinwieser veranstalten mit Horst nun einen traditionell bayerischen Watschen-Reigen. Dieser wurde zwar urkundlich noch nie erwähnt, wird seit Jahrhunderten aber mündlich überliefert. Die Schläge nannten sie „Pflichtwatschn". Auf Horsts Wangen konnte man schon die Abdrücke der Hände sehen. Gmeinwieser hatte Pranken wie ein Bär. Sie schrien

Horst an: „Wirst du jemals wieder versuchen, dich an einem Kind zu vergehen?"

Horst antwortete nicht. Er dachte sich, wenn er mit „Nein" antwortete, würden sie ohnehin weitermachen. Bis genau zu diesem Zeitpunkt hatten Müller und Gmeinwieser die Aktion zusammen geplant, falls sie einmal einen Pädophilen in die Hände bekommen würden. Doch Gmeinwieser drehte durch. Er zog seine Waffe, hielt sie Horst seitlich an die Schläfe und kreischte: „Na schön, dann knall ich dich eben ab."

„Spinnst du? Tu die Waffe weg!", schrie Müller.

„Ach, komm, Müller, wir knallen ihn einfach ab und verscharren die Leiche. Die finden ihn frühestens in 15 Jahren bei Bauarbeiten. Wer sollte außerdem einen Obdachlosen als vermisst melden?", antwortete Gmeinwieser.

Müller versuchte zu beschwichtigen: „Komm schon Gmeini, das ist nicht witzig! Tu einfach die Waffe weg, ich will nicht in irgendwas reingeraten."

„Reingeraten bist du schon längst, Müller!", sagte Gmeinwieser. „Ich darf dich dran erinnern, dass du das mal vorgeschlagen hast, wenn wir einen Pädo in die Hände kriegen."

„Ich wollte aber nicht, dass die Sache aus dem Ruder läuft. Gmeini, lass den Mist, ich krieg's echt mit der Angst zu tun!", antwortete Müller.

Gmeinwieser lachte: „Was? Du hast Angst? Dann stell dir mal vor, wie unser Horst sich gerade fühlt!"

Die Pistole drückte Gmeinwieser immer noch fest gegen Horsts Schläfe. Dieser war so starr vor Angst, dass er keinerlei Regungen zeigte. Unter seinen Knien hatte sich eine Pfütze gebildet. Er hatte sich eingenässt. Mittlerweile nieselte es leicht, aber es war noch einigermaßen hell. Es war ein skurriles Bild. Sie standen in einer Art Dreieck da, in der Ferne hörte man die Lastwagen. Müller redete auf seinen Kollegen ein. Gmeinwiesers Arm tat ihm schon weh. Was dann passierte, hätte Müller seinem Kollegen Gmeinwieser niemals zugetraut. Sie kannten sich seit der Ausbildung.

Gmeinwieser war so wutentbrannt, dass ihm der Speichel aus dem Mund lief und seine Lippen zitterten. Dann entspannte sich sein Körper. Er zögerte und sagte zu Horst: „So, jetzt heißt es für dich ab in die Hölle!"

Müller stürzte sich auf ihn und versuchte ihm, die Waffe aus der Hand zu schlagen. Ein Schuss löste sich. Ein lauter Knall. Dann Stille. Es war diese besondere Art der Stille, die leiser zu sein schien als normale Stille.

Horst kniete noch immer vor ihnen. Er war unverletzt. Es war eine Schreckschusswaffe, die Gmeinweiser die ganze Zeit in der Hand gehalten hatte. Er hatte sie aus seiner Wohnung geholt, als er – angeblich – Zigaretten holen wollte. Seine kleine Regieänderung hatte er Müller aber verschwiegen.

Sie fuhren den sichtlich mitgenommenen Horst in die Haftanstalt. Auf der Fahrt sagte keiner von ihnen auch nur ein Wort. Sie wirkten wie eine dreiköpfige Familie, die auf der Fahrt in den Italienurlaub einen Streit gehabt hatte.

Horst versuchte nie wieder, sich an einem Mädchen zu vergehen. Laut Müller, der mir und ein paar Kollegen die Geschichte während eines Wanderausflugs im Bayrischen Wald erzählte, erstatte er auch keine Anzeige.

Müller war nach dem Vorfall vollkommen durch den Wind. Er vermied es, mit Gmeinwieser über den Vorfall zu sprechen. Vermutlich hatte Gmeinwieser die Nerven verloren, weil seine eigene Tochter genauso alt war wie Anja. Verzeihen konnte er ihm die Sache trotzdem nicht.

Millionäre

Es muss eine Nachtschicht an einem Dienstag gewesen sein. Daran erinnere ich mich, weil mein Streifenpartner König Barbarossa aus irgendeinem abergläubischen Grund immer eine kornblumenblaue Krawatte trug, wenn die nächtlichen Schichten auf diesen Wochentag fielen. Mit einem frisch gewaschenen Streifenwagen fuhren wir durch die menschenleeren Straßen, vorbei an einem kroatischen Café, in dem es unter Tags oft recht laut und chaotisch zuging.

Kollege Barbarossa stand in intensivem Flirtkontakt mit einer etwas eigentümlichen Literaturstudentin. Diese hatte ihm nach längeren Verhandlungen eine Abfuhr erteilt. Die Art und Weise der Absage sorgte in unserem Einsatzwagen für allgemeine Erheiterung. Barbarossa zeigte mir auf seinem Handy, was sie ihm via WhatsApp geschrieben hatte: „Du kannst mich nicht verstehen! Wer mich verstehen will, muss zuerst Goethe verstehen!"

„So eine Psycho-Tante!", meinte Barbarossa und lachte. „Ich habe immer entweder so intellektuelle Frauen oder ziemlich einfach gestrickte. Vor Kurzem habe ich eine Friseurin kennengelernt. Wenn ich die gute Frau jetzt fragen würde, wer ist Goethe, würde sie vermutlich denken, dass sei ein neuer IKEA-Einbauschrank."

Ein Funkspruch der Einsatzzentrale unterbrach unser Gespräch. In einem noblen Hotel beklagten sich Gäste über nächtliche Ruhestörung. Ruhestörungseinsätze sind unter Polizisten sehr beliebt, da in den allermeisten Fällen keine Anzeige geschrieben werden muss. Allerdings trifft man dabei unverhältnismäßig oft auf Jurastudenten im zweiten Semester, die einem mit 2,5 Promille im Blut erklären wollen, was ein Polizist darf und was nicht. Da sich diese Ruhestörung jedoch in einem noblen Hotel ereignete, war die Chance, auf einen Jurastudenten zu treffen, relativ gering.

Vor Ort empfing uns der Portier und erklärte, dass aus einem der Zimmer schon seit etwa einer Stunde merkwürdige Klopfgeräusche kämen. Er habe mehrfach versucht, mit dem Generalschlüssel die Türe zu öffnen, doch sei diese von innen zugehalten worden. Barbarossa und ich wollten der Sache auf den Grund gehen. Aus dem Zimmer kamen tatsächlich eigenartige Laute. Es klang, als würde jemand mit einem Hammer gegen den Boden der Badewanne schlagen.

Barbarossa hämmerte mit der Faust gegen die Zimmertüre. Als sich diese nach etwa fünf Minuten öffnete, stand vor uns ein etwa 50-jähriger Mann mit völlig wirrem Blick. In der linken Hand hielt er ein blitzendes Messer. Barbarossa und ich sprangen panisch ein paar Meter zurück. Wir zückten unsere Dienstwaffen, richteten sie auf den Unruhestifter und brüllten: „Messer weg!"

Der Mann machte daraufhin im Türrahmen des Hotelzimmers wilde Schwungbewegungen mit dem Messer, unterließ es aber, auf uns loszugehen. An seinen Augen konnte man erkennen, dass er in völlig anderen Sphären schwebte und nicht begriff, was gerade vor sich ging.

Wir brüllten erneut: „Messer weg! Messer weg!"

Der Mann reagierte nicht.

In diesem Moment öffnete sich rechts neben mir die Türe eines anderen Hotelzimmers. Ein etwa vierjähriges Mädchen mit einem Plüschhasen in der Hand sah uns mit großen Augen an. Wenige Augenblicke später erschien die Mutter des Mädchens und schlug die Türe zu. Ich hörte noch, wie sie zu ihrer Tochter sagte: „Das passiert nicht wirklich. Das träumst du nur."

Der Krawallbruder machte immer noch keinerlei Anstalten, das Messer wegzulegen. Barbarossa löste das Problem auf recht unkonventionelle Weise: Er packte seine Handschellen und warf sie dem Mann an den Kopf. Der Störenfried erwachte aus seinem Wahnzustand wie aus einem bösen Traum. Er blickte uns fragend an, als wolle er sagen: „Kann ich Ihnen weiterhelfen?" Erst jetzt schien er zu begreifen, dass er mit einem Messer vor zwei Staatsdienern stand, von denen einer immer noch eine Schusswaffe auf ihn richtete. Als hätte er solche Situationen schon Hunderte Male erlebt, warf der Psychopath das Messer auf den Boden und ließ sich widerstandslos von mir festnehmen.

Kollege Barbarossa stürmte derweil laut schreiend mit seiner Pistole im Anschlag das Hotelzimmer. Dort stieß er auf die Frau des Rowdys.

Wenig später stellte sich heraus, dass es sich bei den beiden um ein Ehepaar namens Lederer handelte. Sie hatten sich für zwei Wochen in dem feinen Hotel eingemietet. Der Mann war bereits 32-mal, die Frau 18-mal wegen Gewalt- und Drogendelikten in Erscheinung getreten. Beide waren seit Jahrzehnten schwer betäubungsmittel- und alkoholabhängig und litten infolgedessen an Psychosen und Wahnvorstellungen. Frau Lederer gab eine grässliche Erscheinung ab. Sie wirkte mit ihren 40 Jahren wie eine Greisin. Man sah ihr an, dass sie sich seit Jahren ausschließlich von Bier und Schnaps ernährt hatte, weswegen sie bis auf die Knochen abgemagert war. Sie wog nur noch etwa 35 Kilogramm.

Für seine Messereinlage entschuldigte Herr Lederer sich glaubhaft und gab an, uns für „Energievampire" gehalten zu haben. Das Bad des Hotelzimmers war komplett verwüstet. Der halluzinierende Lederer hatte mit einer riesigen Rohrzange das Waschbecken zertrümmert und danach wie wild auf die Badewanne eingehämmert, was die Klopfgeräusche verursacht hatte.

Ziemlich stutzig wurden Barbarossa und ich, als wir in dem Hotelzimmer 23.000 Euro Bargeld fanden. Doch die Lederers besaßen es legal, das konnten sie mit Dokumenten belegen. Die Lederers waren mehrfache Millionäre, weil Herr Lederer vor langer Zeit sehr viel Geld geerbt hatte. Seitdem hielten die beiden in Nobelhotels so lange Hof, bis sie im Drogenrausch ihre Aggressionen gegen das Inventar richteten und dafür Hausverbot erhielten.

Vor Ort war für Barbarossa und mich nicht mehr viel zu tun. Wir fertigten lediglich Bilder des kaputten

Waschbeckens an und gaben dem Portier Bescheid. Außerdem stellten wir als Tatmittel die Zange und zur Gefahrenabwehr das Messer sicher. Die Lederers waren absolut kooperativ. Sie erweckten beinahe ein wenig Mitleid.

Da die Personalausweise der Lederers schon seit langer Zeit abgelaufen waren, mussten wir die Eheleute noch auf unser Revier bringen, um sie anhand der Bilder der erkennungsdienstlichen Behandlung zweifelsfrei zu identifizieren. Auf unserer Polizeiwache nahmen die mittlerweile lammfrommen Leutchen vor unseren Computern auf schwarzen Holzstühlen Platz. Es roch dort ein wenig nach Erbrochenem und nach Putzmittel, weil sich kurz zuvor ein betrunkener Jugendlicher übergeben hatte.

Barbarossa schlürfte lauwarmen Filterkaffee aus einer FC Bayern-Tasse. Die Identität der Lederers konnte schnell und unkompliziert anhand der Fotos aus ihrer Akte festgestellt werden. Herr Lederer hatte auf dem linken Unterarm eine Meerjungfrau tätowiert. Frau Lederer konnte man anhand einer Narbe an der Wade identifizieren. Eine andere Streife brachte Herrn Lederer anschließend mit einem Rettungswagen in die Psychiatrie, um ihn einem Facharzt vorzustellen. Schließlich hatte er in einem wahnhaften Zustand mit einem Messer herumgefuchtelt. Er war davon nicht begeistert, protestierte aber nur kleinlaut: „Ich will nicht schon wieder ins Deppen-Krankenhaus."

Es gab auch keinen Grund mehr, Frau Lederer weiter festzuhalten. Ich blickte ein letztes Mal auf ihren Personalausweis, der aufgrund seines Alters beinahe schon ein Unikat war. Und mir fiel dabei etwas auf.

Das Foto auf dem Dokument zeigte sie, als sie etwa 20 Jahre alt war. Es muss kurz vor ihrem Abrutschen in die Drogenszene aufgenommen worden sein. Mit Junkies hatte ich beinahe täglich zu tun. Allerdings hatte ich noch nie die Möglichkeit gehabt, zu vergleichen, wie diese Leute vor ihrer Horror-Sucht ausgesehen hatten. Das Bild zeigte eine hübsche, junge, lebensfrohe Frau, die selbstbewusst in die Kamera lächelte. 20 Jahre später sah derselbe Mensch aus wie ein Zombie. Es heißt, die Augen seien der Spiegel der Seele. Auf dem alten Foto sprühten die Augen der jungen Frau nur so vor Lebensenergie. 20 Jahre später hatte der teuflische Giftstoff nicht nur ihre Eingeweide und ihre Haut, sondern auch ihre Seele zerfressen.

Ich entließ Frau Lederer von der Dienststelle. Ein paar Wochen später stieß ich im Polizeicomputer erneut auf ihren Namen, allerdings auf einer Liste von Verstorbenen. Als Grund stand geschrieben: „Suizid". Dem kurzen Text war zu entnehmen, dass sie sich bewusst eine Überdosis des Schmerzmittels Methadon gespritzt hatte. Als ich die Todesanzeige dem Kollegen Barbarossa zeigte, zuckte er nur mit den Schultern und sagte: „Das zeigt, dass Geld allein auch nicht glücklich macht."

Zu den Plänen der deutschen Regierung, Marihuana zu Genusszwecken für Menschen ab 18 Jahren freizugeben, möchte ich eines anmerken: Auch die völlig kaputten, seelisch deformierten Gestalten, die sich auf schmutzigen Bahnhofklos eine Überdosis spritzen, die sich aus purer Verzweiflung über ihre Situation vor Züge werfen oder im besten Fall für lange Zeit in Nervenheilanstalten wandern, haben ihre

Drogenkarriere meist mit Marihuana begonnen – zu Genusszwecken.

Dimitri

Es war Ende August und ich wollte für ein paar Tage einen Freund in Berlin besuchen. Ich fuhr in blauer Polizeiuniform mit dem ICE am Münchner Hauptbahnhof los. Als deutscher Polizist darf man in Uniform kostenlos Zug fahren. Die deutsche Bahn erhofft sich dadurch, das Sicherheitsgefühl der Fahrgäste zu verbessern. Nach etwa zehn Minuten öffnete ein Mann die Tür des Abteils und fragte höflich: „Entschuldigung, darf ich mich zu Ihnen setzen?"

„Selbstverständlich!", erwiderte ich.

Die Erscheinung des Mannes beeindruckte mich. Er war etwa zwei Meter groß, hatte breite Schultern, eine Glatze und einen Schnurrbart. Außerdem war er sehr gepflegt, roch nach teurem Parfum und trug einen teuren Anzug. In seiner oberen Zahnreihe blitzte ein Goldzahn. Auf seiner rechten Wange prangte eine große, säbelförmige Narbe. Beides waren Andenken an seine Zeit im Knast, wie ich später erfuhr.

Der Mann hieß Dimitri, zumindest stellte er sich so vor, kam ursprünglich aus Moskau, hatte aber längst einen deutschen Pass. Dimitri sprach fast ohne Akzent Deutsch.

Ich unterhielt mich nett mit Dimitri, er drückte sich stets gewählt aus. Er erzählte, dass er geschäftlich in

München gewesen sei. Ich war neugierig und fragte ihn, was genau er in München gemacht habe.

„Ach, Geschäfte. Einen jungen Mann wie Sie würden die Details langweilen."

Wir redeten dann noch ein bisschen über seine russische Heimat. Die Kultur interessierte mich. Ich stellte ein paar Fragen über die „Weißen Nächte" von St. Petersburg. Dimitri antwortete stets ausgesprochen höflich und eloquent. Er wirkte sehr souverän, fast wie ein Politiker. Irgendwann schweifte das Gespräch dann ab.

„Wissen Sie, damals in der Sowjetunion haben wir uns den Westen wie ein Paradies vorgestellt, eine Welt ohne Überwachung, das kannten wir nicht. Ich bin 1994 nach Deutschland gekommen, illegal natürlich. Aber euer System habe ich schnell verstanden. Stripclubs, Prostitution, Drogen, riesige Spielhallen. Das hatte ich zuvor noch nie gesehen. Für uns Jungs aus dem Ostblock war es eine einzige Glitzerwelt. Wissen Sie warum euer kapitalistisches System überlebt hat und wir im Osten pleite waren?"

Ich zuckte mit den Achseln.

„Weil euer System an den ganzen schmutzigen Sachen mitverdient, dafür seine Bürger aber kaum überwacht. Euer System bedeutet, dass man alles kaufen kann. Waffen, Drogen, Sklaven. Allein mit Drogen verdient die BRD jedes Jahr 1,5 Milliarden Euro. Das Geld wird gewaschen und versteuert. Die Geldwäschegeschäfte übersieht der Staat, weil er daran mitverdient. Ich weiß das aus allererster Hand."

Ich blickte ihn fragend an: „Man kann Sklaven kaufen?"

Ich dachte, jetzt käme das übliche Gerede darüber, dass wir alle Sklaven der Konzerne wären. Doch Dimitri setzte einen dämonischen Blick auf und erklärte: „Man kann sich einen Menschen kaufen. Ab einer Summe von 300.000 Euro ist das möglich. Als Kurier habe ich manchmal Menschen transportiert."

„Wollen Sie mich gerade auf den Arm nehmen?", fragte ich.

Dimitri lächelte wissend und sagte: „Dass an dieser Stelle immer alle dasselbe fragen! Wissen Sie, wie viele Menschen allein in Deutschland aktuell als dauerhaft vermisst gelten?"

Ich zuckte mit den Achseln.

„11.000 Menschen! Viele seit Jahrzehnten. 11.000 Menschen können sich nicht in Luft auflösen."

„Wir nennen diese Leute übrigens Sklaven, aber klassische Sklaven sind sie nicht. Sie werden in der Regel in Kellern eingesperrt, wie diese Natascha Rosenbusch. Manche werden auch getötet, es kommt auf die Vorlieben des Besitzers an."

Ich blickte ihn entsetzt an. „Moment mal, stimmen diese Geschichten tatsächlich?"

„Kommt drauf an. Sitze ich gerade vor Ihnen?", fragte mich Dimitri.

Ich wurde langsam nervös, Dimitri verwirrte mich. Seit im Jahr 2007 Madeleine McCann verschwunden war, hörte ich sowohl privat als auch dienstlich immer wieder Gerüchte von einem ominösen Menschenhändlerring.

Dimitri fuhr fort: „Auch in Süddeutschland sind immer mal wieder ein paar von denen zwischengelagert – in Kellern, Lagerhallen, wo auch immer. Sie warten darauf, verkauft zu werden, natürlich nicht freiwillig. Im Schnitt warten die Sklaven drei Jahre, bis sie verkauft werden. Wo man sie entführt, verrate ich Ihnen nicht. Berufsgeheimnis."

Dimitri lächelte.

Ich hatte mittlerweile Schweißperlen auf der Stirn.

Dimitri sprach weiter. „Ich kenne sowohl die Verkäufer als auch die Zwischenhändler, die Endabnehmer kenne ich nicht. Aber das BKA kann mir gern die Bude sprengen, die werden nichts finden, alle Daten und Kontakte habe ich hier oben abgespeichert."

Er deutete auf seinen Kopf.

„Ich bin dazu sogar schon mal verhört worden. Aber nicht von deutschen Ermittlern."

Die Geschichte fesselte mich. Er erzählte, als handelte es sich um einen Film. Die Tür des Abteils öffnete sich und ein junger Mann fragte: „Entschuldigung, ist hier noch frei?"

Ich stammelte nur: „Nein, tut mir leid, das geht nicht, ich führe ein dienstliches Gespräch mit diesem Herrn."

Der junge Mann verschwand wieder. Dimitri grinste mich diabolisch an. „Gut gemacht!"

Ich zögerte. „Stimmt das alles tatsächlich?"

Dimitri entgegnete: „Wissen Sie warum die albanische Mafia so erfolgreich ist? Weil diese Leute nichts reden. Uns Russen kriegt man über die Ehre, Türken und Araber über die Familie, aber Albaner, so sagte man zumindest in der Unterwelt, die werden stumm geboren. Und genauso habe ich mich verhalten. Ich habe im Verhör nichts gesagt und werde auch in Zukunft nichts sagen."

Ich fragte „Wer um alles in der Welt kauft sich denn einen Sklaven?"

„Ich kann über diese Leute nicht viel sagen, nur dass es nur selten irgendwelche reiche Firmenchefs sind. Es sind meistens einfache, sadistisch veranlagte Privatleute. Man sagt, pro 100.000 Einwohner gibt es einen, der davon besessen ist, einen anderen Menschen zu besitzen oder einem Menschen beim Sterben zuzusehen."

Er sagte das so lapidar, als wäre es selbstverständlich.

„Die, die sich einen Sklaven im Keller halten wollen, sind aber oft die klassischen Sonderlinge, wie bei Natascha Rosenbusch."

„Kampusch", unterbrach ich ihn.

„Kampusch, ja. Natürlich brauchen angehende Besitzer viel Geld. Wie, glauben Sie, kommt ein sadistischer Sonderling zu 300.00 Euro?"

Ich schaute ihn nur an. Ich vergaß vollkommen, dass ich in einem Zug saß.

Dimitri sagte: „Etwa durch einen Raubüberfall? Nein. Sonderlinge erben es. Sie erben ein paar Hunderttausend und kaufen sich davon einen Sklaven. Und weil Sonderlinge nie verheiratet und immer Einzelkinder sind, erben sie es alleine. Manche Endabnehmer sind aber auch ganz normale Menschen. Manchmal sogar Paare, die nach außen hin ein normales Leben führen. Sie gehen mit Freunden essen und wirken normal. Und dann fahren sie nach Hause und quälen und foltern einen Sklaven. Sich einen Sklaven zu halten, ist relativ einfach. Die Behörden sind, was das angeht, blind."

Ich sagte zu Dimitri: „Ich kann mich noch gut an die Berichterstattung über Natascha Kampusch erinnern."

Dimitri sprach weiter: „Wissen Sie noch, wie viele Menschen in Deutschland als vermisst gelten?"

„Sie sagten 11.000."

„Richtig! 11.000 Menschen. Ein paar von ihnen wurden umgebracht, ein paar haben sich selbst umgebracht, ein paar haben sich abgesetzt, wieder andere sind in den Bergen abgestürzt und wurden nie gefunden. Und wieder andere wurden entführt und an einen Sadisten verkauft, manche schon als Kind. Ich schätze, dass von 11.000 Vermissten jeder 60ste entführt und versklavt wurde. Das bedeutet, dass in deutschen Kellern etwa 180 Sklaven ihr Dasein fristen. Vielleicht sind es auch nur 170, keiner weiß das genau. Viele wurden natürlich umgebracht. Ich schätze etwa 30."

Ich sagte „Ist das Ihr Ernst? Wie können Sie das denn überhaupt wissen?"

„Der Sklavenhandel funktioniert folgendermaßen. Die Verkäuferseite entführt die Sklaven. Kuriere, wie ich einer war, bringen Sie zu den Zwischenhändlern und diese wiederum zu den Endabnehmern. Meinen ersten Sklaven habe ich 1996 transportiert. Ich musste mich in einer unglaublich kalten Novembernacht auf einem Parkplatz in einem abgelegenen Industriegebiet im Süden Berlins einfinden. Sie ließen mich zweieinhalb Stunden warten. Sie machten das immer so. Sie wollten damit testen, ob du jemand bist, der gleich alles abbricht, wenn es nicht nach Plan verläuft. Ich wartete.

Damit wussten sie, dass ich ein verlässlicher Kurier bin."

Sie können sich Dimitris diabolisches Grinsen nicht vorstellen, als er fortfuhr: „Sie brausten in einem schwarzen BMW ohne Kennzeichen heran. Drei komplett vermummte Männer mit Spiegelsonnenbrillen stiegen aus und trugen einen gefesselten Mann, nur mit Unterhose bekleidet und einem Sack über dem Kopf in Richtung meines Wagens. Der Sklave schien bewusstlos zu sein, sie hatten ihm wohl irgendetwas eingeflößt. Sie redeten kein einziges Wort. Sie hatten einen Aluminiumkoffer dabei. Dann ging alles schnell. Den Gefesselten und den Koffer warfen sie in meinen Kofferraum. Einer der Vermummten kam an mein Fenster. Mit der Spiegelsonnenbrille sah er bedrohlich aus. Er hielt mir einen Zettel hin. Darauf war mit Schreibmaschine getippt: Öffnen Sie das Fenster und strecken Sie Ihr linkes Handgelenk heraus. Das machte ich. Der Mann packte mein Handgelenk und legte mir ein Armband mit einem roten Knopf darauf an."

Ich war mittlerweile wachsbleich. Was Dimitri erzählte, war wie ein Live-Krimi. Von Berlin waren wir noch etwa 1,5 Stunden entfernt.

Dimitri grinste wie der Joker und fuhr fort: „Der Vermummte überreichte mir anschließend einen Briefumschlag und ein Mobiltelefon, das damals so groß war wie eure Funkgeräte. Ich sagte ebenfalls kein Wort. Ein Kurier stellt keine Fragen. Sie können sich nicht vorstellen, wie weit man in der Unterwelt kommt, wenn man keine Fragen stellt. Dann sprangen alle drei in ihren schwarzen BMW und brausten in die Dunkelheit davon.

Ich öffnete den Brief. Es befanden sich ein Schreiben und eine Landkarte darin. Auf dem Schreiben stand in fehlerfreiem Deutsch, dass ich mich um Punkt 01:00 Uhr nachts mit dem Sklaven in einem abgelegenen Wald etwa 100 Kilometer südlich von Berlin entfernt, einfinden solle. Die genaue Stelle hatten sie mit einem Kreuz auf der Landkarte markiert. Am Ende stand noch, dass das Armband ein Peilsender sei. In meinem Kofferraum sei auch ein Koffer, ebenfalls mit einem Peilsender und mehreren Kilo Sprengstoff. Mit dem Peilsender könnten sie überprüfen, wo ich gerade bin. Die Route war genau festgelegt. Würde ich mich davon auch nur zehn Meter entfernen, würden sie das Auto sofort in die Luft jagen. Mit dem Peilsender an meinem Arm könnten sie überprüfen, ob ich auch im Auto war. Würde ich mich vom Auto entfernen, würden sie es ebenfalls in die Luft jagen. Ob das ein Bluff war, weiß ich nicht."

Ich schluckte.

Dimitri fragte mich: „Haben Sie in Ihrer Dienststelle jemals Fälle mit salafistischen Gefährdern bearbeitet?"

„Nein."

„Dieser Peilsender an meinem Handgelenk feiert zurzeit ein Comeback. Heute nennt man sie Fußfessel."

Dimitri fuhr fort: „Falls es irgendwelche Probleme geben sollte, sollte ich mit dem Mobiltelefon bei einer Telefonzelle in der Nähe des Bahnhofs Zoo anrufen und einfach nur *Oklahoma* sagen. Dann würden sie mich mit dem Peilsender finden und alles klären. Wenn ich auch nur ein Wort mehr sagen würde, würden sie das Auto in die Luft sprengen."

Ich war einerseits entsetzt, andererseits fasziniert von Dimitris Geschichte.

Dimitri erzählte weiter: „Eine Stunde später fuhr ich auf einer Staatsstraße durch einen dunklen Wald. Ich war vollkommen allein unterwegs. Weit und breit war kein anderes Auto zu sehen. Ich bog in einen winzigen Waldweg ein. 15 Minuten später erblickte ich in meinem Scheinwerferlicht einen weißen Audi mit Berliner Kennzeichen. Ich blieb ein paar Meter vor dem Fahrzeug entfernt stehen. Ich war aufgeregt, denn für die Übergabe selbst hatte ich keine Anweisungen erhalten. Zehn Sekunden lang passierte nichts. Dann stiegen zwei Männer aus, die Sturmmasken und Sonnenbrillen trugen. Einer der beiden kam langsam auf mich zu."

Dimitri duzte mich inzwischen.

„Du kannst dir nicht vorstellen, wie unheimlich das aussieht, nachts im Wald zwei Vermummte mit Sonnenbrillen. Einer streckte mir einen Zettel ans Fenster, auf dem *Licht aus* geschrieben stand. Dann ging alles ganz schnell. Beide trugen den immer noch bewusstlosen Sklaven zu ihrem weißen Audi und legten ihn in den Kofferraum. Sie sprangen in ihren Wagen und brausten davon. Laut Anweisung musste ich den Umschlag, den sie mir gegeben hatten, und das Mobiltelefon in das Handschuhfach legen und genau zehn Minuten warten. Danach solle ich wieder auf genau festgelegter Route in das Industriegebiet im äußersten Süden Berlins fahren. Das tat ich."

Dimitri räusperte sich. Bis Berlin Hauptbahnhof waren es noch etwa 60 Minuten.

„Diesmal waren sie pünktlich", erzählte Dimitri weiter. „Sie fuhren sehr schnell heran, die Szene wirkte einstudiert. Ein vermummter Mann sprang heraus, öffnete den Kofferraum, holte den Aluminiumkoffer mit dem Sprengstoff heraus und warf stattdessen einen schwarzen Lederkoffer hinein. Ein anderer riss die Beifahrertüre auf und nahm den Umschlag und das Handy aus dem Handschuhfach. Der dritte Mann nahm mir das Armband ab. Danach sprangen sie wieder in ihren schwarzen BMW und fuhren davon."

Ich fragte Dimitri: „Wer soll denn diese Verkäuferseite gewesen sein?"

„Ich rede nicht über diese Leute. Den Koffer, den sie in meinem Auto ablegten, durfte ich laut Anweisung erst zu Hause öffnen. Er enthielt 60.000 Mark. Ein Stundenlohn von 12.000."

Mir war übel. Dimitris Dauergrinsen irritierte mich.

Dimitri: „Wie viel die Verkäuferseite verdiente, weiß ich nicht. Aber sie wuschen das Geld und brachten es in den legalen Wirtschaftskreislauf. In den 1990er Jahren florierte der Sklavenhandel. Der Ostblock war zusammengebrochen. Sie entführten die Leute und verkauften sie an reiche Sadisten, scheinbar normale Ehepaare im Westen. Import - Export. Die meisten Sklaven wurden nach Deutschland oder Holland verkauft. Wie viele es waren, kann keiner sagen. Nach der Wende herrschte im Ostblock so ein Chaos, dass die Polizei erst gar nicht nach Vermissten suchte. Diese Menschen stehen bis heute auf keiner Fahndungsliste. Wissen Sie, warum mich die Fälle Natascha Rosenbusch und Josef Fritzl nicht wunderten?"

Ich wusste keine Antwort und zuckte nur mit den Schultern.

„Weil die Österreicher ebenfalls einen Hang zum Sadismus haben. Die Zahl der Sklaven in österreichischen Kellern schätze ich auf etwa 25. In Österreich werden aktuell außerdem ziemlich genau 1.000 Menschen vermisst. 1.000 Menschen, die sich ebenfalls nicht in Luft auflösen können."

Dimitris Blick war euphorisch-diabolisch. So habe ich mir immer den Mephisto in Goethes Faust ausgemalt.

Ich fragte: „Aber was machen die Leute mit den Sklaven? Ich kann mir das nicht vorstellen."

„Das kommt auf die Vorliebe des Besitzers an. Manche halten den Sklaven wie einen Hund. Manche missbrauchen oder foltern ihre Sklaven und machen Videos davon, die dann an Interessenten weltweit verschickt werden. Andere bringen ihren Sklaven um. Viel weiß ich nicht darüber, mit den Endabnehmern hatte ich nie Kontakt."

„Haben Sie sich nicht geschämt? Hatten Sie kein Mitleid?", fragte ich entsetzt.

„Doch, Mitleid schon, aber ich hatte in der Heimat Frau und Kinder. Als Asylbewerber durfte ich damals nicht arbeiten. Hätte ich den Sklaven nicht gefahren, hätte es ein anderer gemacht und meine Frau und meine Kinder hätten weiter gehungert. Aber eins kann ich sagen, ich war immer nur als Kurier tätig, ich habe nie jemanden entführt."

Ich fragte: „Wie viele Sklaven haben Sie denn transportiert?"

Er grinste immer noch. „Berufsgeheimnis."

Dann schwiegen wir beide etwa eine Minute. Schließlich fragte ich: „Wissen Sie, wer der Mann war, den Sie transportiert haben? Was mit ihm passiert ist?"

Dimitris Augen funkelten. „Ich weiß es nicht. Wie gesagt, Verkäufer und Zwischenhändler sind absolut verschwiegen."

Dimitri zeigte mir seine Hand und deutete auf eine Art Punkt.

„Weißt du, was das ist?", fragte er.

„Sieht aus wie eine Narbe", antwortete ich.

Dimitri grinste euphorisch. Seine Augen waren weit aufgerissen. Die folgenden Worte sagte er sehr schnell: „Richtig! Eine Narbe! Eine Narbe von einer Schussverletzung!"

Kurzes Schweigen. Dann fragte er mit geheimnistuerischer Miene: „Weißt du, wozu Geld führt?"

Ich zuckte mit den Achseln.

„Geld führt zu mehr Geld. In eurem System will man immer mehr davon. Und wo welches ist, kommt immer welches dazu. Genau deshalb habe ich immer wieder Sklaven transportiert. Ich finde Geldgier ist kein negatives Attribut. In eurem System wird man quasi dazu gezwungen, geldgierig zu sein. Die, die es nicht sind, enden als Bettelmänner auf der Straße."

Dann fügte er noch hinzu: „Geld verschwindet nicht, es wechselt nur den Besitzer."

Ich sah ihn nur ungläubig an.

Seine Augen leuchteten, als er weitersprach: „Die Narbe bekam ich bei einer gescheiterten Übergabe. Es war mir strengstens verboten, bei der Übergabe Bargeld anzunehmen. Für den Fall, dass man mir Bargeld gab, sollte ich umgehend mit dem Mobiltelefon die Telefonzelle anrufen und *Oklahoma* sagen."

Er fuhr fort: „Einmal bekam ich bei einer Übergabe einen Koffer ausgehändigt, der voll mit 500-Euro-Scheinen war. Ich erklärte, dass ich die Anzahlung auf keinen Fall in bar annehmen dürfe. Ich schloss den Koffer und streckte ihn mit der linken Hand in Richtung des vermummten Mannes, der eine Sturmhaube und eine verspiegelte Sonnenbrille trug. Mit der rechten Hand versuchte ich, das Handschuhfach zu öffnen, um das Mobiltelefon herauszuholen. Das war ein großer Fehler." Dimitri lachte herzlich. „Der Vermummte dachte, ich hätte eine Schusswaffe da drin."

Dann beruhigte er sich wieder. „Sie können sich ja vorstellen, was passierte. Der Vermummte zog seine Waffe und schoss mir damit in die rechte Hand, ging in aller Seelenruhe zu seinem Auto und fuhr mit seinem Partner davon. Jetzt saß ich da. 03:00 Uhr früh, mitten im Wald."

Dimitri lachte wieder „Mit zerschossener Hand, hahaha. Weißt du, was ich dann getan habe?"

Ich blickte ihn zweifelnd an. „Sie sind ins Krankenhaus gefahren?"

„Nein, das hätte die Verkäuferseite niemals akzeptiert. Weißt du noch, was das Codewort war?"

„Sie sagten *Oklahoma*"

„Richtig! Ich sehe schon, du bist ein guter Polizist, du kannst dir alle Details merken." Dimitri blickte mich an: „Einen jungen, intelligenten Mann mit gutem Beruf habe ich mir immer als Schwiegersohn gewünscht. Allerdings reicht es aktuell nur für einen nutzlosen Kasachen."

Dimitri seufzte und führte weiter aus: „Ich nahm also das Mobiltelefon und wählte mit der gesunden Hand die Nummer der Telefonzelle in der Nähe des Bahnhofs Zoo, sagte *Oklahoma* und legte sofort auf. Die Wunde verband ich mit Sachen aus dem Verbandskasten. Eine halbe Stunde später kamen sie tatsächlich in ihrem schwarzen BMW angerauscht. Wieder drei vermummte Herren mit Sonnenbrillen. Sie redeten wie immer kein Wort. Mit Gesten deuteten sie an, dass ich mich in den Kofferraum legen soll. Doch ich weigerte mich. Zu groß war die Gefahr, dass sie das Auto irgendwo in einem See versenkten oder anzündeten. Sie lenkten ein und ich nahm hinten rechts im Wagen Platz. Einer der Vermummten verband meine Wunde. Er machte das ziemlich gut. Den Verband bekam ich nicht, weil ich ihnen leidtat. Sie wollten einfach kein Blut in ihrem Auto haben. Meinen Wagen ließen sie im Wald zurück.“

Dimitri grinste noch immer mit weit geöffneten Augen wie ein Dämon.

„Obwohl die Leute nichts redeten, verstand ich, was ihr Plan war. Sie fuhren mich durch Wälder über Schleichwege nach Polen. Die Grenzkontrollen waren ein Jahr zuvor abgeschafft worden. Kannst du dir vorstellen, warum sie mich nach Polen fuhren?“

„Nicht wirklich, nein.“

„Sie wollten mich in kein deutsches Krankenhaus bringen. Deutsche Ärzte rufen bei Schusswunden immer die Polizei. Die Hinzuziehung von intelligenten Menschen in Uniform, wie du einer bist, kann man in polnischen Krankenhäusern durch entsprechende Zahlungen umgehen.“

„Das ist doch totaler Wahnsinn!“, sagte ich.

„Ja, mein Junge, das ist es. In einer dunklen, menschenleeren Kleinstadt kurz hinter der Grenze ließen sie mich raus. Sie drückten mir einen Umschlag in die Hand. Einer der Männer bedeutete mir durch Gesten, dass ich einmal links und zweimal rechts gehen soll. Ich öffnete den Umschlag. Darin befanden sich 2.100 Euro. Ich wusste, wofür das Geld war. Sie mussten es nicht erklären. 1.000 Euro waren für die Behandlung. 1.000 Euro Trinkgeld für den Arzt, dafür keine Polizei. Die 100 Euro waren für mich, damit ich mit dem Zug wieder nach Berlin fahren konnte. Das Krankenhaus fand ich schnell. Das Gebäude war uralt und baufällig. Fünf Minuten lang klingelte ich die Notfallglocke, bis eine schlechtgelaunte Krankenschwester öffnete. Der behandelnde Arzt roch stark nach Wodka. Aber das war ich noch von den russischen Ärzten gewohnt."

Dimitri räusperte sich kurz.

„Noch am nächsten Tag fuhr ich mit dem Zug nach Berlin. Meine Frau und meine Kinder wohnten mittlerweile auch in Deutschland. Vom Hauptbahnhof ließ ich mich von einem sehr netten indischen Taxifahrer nach Hause zu meiner Wohnung fahren. Kannst du dich erinnern, was mit meinem Wagen war?"

Ich überlegte: „Sie ließen ihn im Wald zurück."

Dimitris Augen funkelten „Richtig! Ach, mein Junge, du bist so schlau und aufmerksam. Das Auto stand vor meiner Wohnung! Die Verkäufer hatten mein Auto abgeholt und vor meiner Garage abgestellt. Sie hatten es sogar innen reinigen lassen. Keine Spur von Blut. Weißt du, warum das Ganze so ungewöhnlich ist?"

„Nein."

„Ich habe ihnen nie meine Privatadresse verraten. Und wenn ich mit ihnen Kontakt hatte, achtete ich sehr gut darauf, dass mich keiner von ihnen observierte. Ich wohnte mit meiner Frau und den Töchtern auch erst seit einem Monat dort. Seltsam war auch, dass der Schlüssel meines Wagens in meinem Briefkasten war, denn ich hatte ihnen nie meinen Namen verraten. Manchmal hatte ich die Vermutung, dass die Verkäuferseite Verbindungen in die Politik oder zu den Behörden hatte. Wie sonst sollten sie meine Privatadresse herausfinden? Aber wie gesagt, es ist eine reine Vermutung."

Ich starrte ihn ungläubig an.

Er fuhr fort: „Im Briefkasten fand ich noch einen Brief und nahm ihn mit in meine Wohnung. Im Brief lagen ein kleiner Schlüssel und ein Schreiben. Natürlich wieder mit Schreibmaschine. Auf dem Zettel stand *Nummer 237 Zoo*. Ich verstand. Gemeint waren die Schließfächer am gleichnamigen Bahnhof. Ich ließ mich am nächsten Tag mit dem Taxi dorthin fahren. Das Schließfach fand ich schnell und öffnete es. Ein Aluminiumkoffer. Den Koffer öffnete ich aber nicht vor Ort. Zu hohes Risiko. Ich ließ mich wieder mit dem Taxi in meine Wohnung fahren. Im Koffer waren 60.000 Euro."

Dimitri strahlte. Auf seiner Stirn hatten sich Schweißperlen gebildet. „Man kann über die Verkäuferseite sagen, was man will. Aber sie zahlten immer pünktlich und gerecht. Die 2.100 Euro für das Krankenhaus hatten sie nicht abgezogen."

Mir wurde immer unwohler zumute. Dimitri schien es nicht zu bemerken. Er fuhr fort: „Die Zahl der Sklaven in Holland schätze ich auf zirka 60. Auch Holländer haben nämlich einen großen Hang zum Sadismus. Es ist nur eine Frage der Zeit, bis da mal was aufgedeckt wird, so wie in Österreich."

Bis zum Berliner Hauptbahnhof waren es nur noch wenige Minuten. „Kannst du dich noch erinnern, wie viel ein Sklave ungefähr kostet?"

„Sie sagten 300.000 Euro?"

„Richtig! 300.000 Euro. Bei rund 180 in Deutschland verkauften Sklaven verdiente die Verkäuferseite also 60 Millionen Euro. Wie gesagt, die Verkäuferseite wusch das Geld. Sie mussten es natürlich auch versteuern. Von 60 Millionen Euro zahlte die Verkäuferseite 30 Millionen Euro Steuern, und so kam es, dass die fortschrittliche Bundesrepublik Deutschland Schulen, Straßen und Flüchtlingsheime baute – mit dem Geld aus dem Sklavenhandel."

Dimitri atmete kurz durch. „Weißt du eigentlich, warum ich dir das erzähle?"

Ich schüttelte den Kopf und war auf die Antwort gespannt.

„Weil ich dir klarmachen will, warum wir pleite waren und euer kapitalistisches System überlebt hat. Weil ihr an den schmutzigen Sachen mitverdient!"

Ich zuckte zusammen.

„Hahaha", lachte Dimitri laut und schlug sich auf die Schenkel. „30 Millionen Euro durch Sklavenhandel. Das war ein Scherz! Ich habe bemerkt, dass du mir das geglaubt hast."

Ich atmete auf. Mulmig war mir trotzdem.

Ich fragte: „Was war denn jetzt ein Scherz? Das mit dem Geld oder alles?"

Dimitri lächelte und erklärte: „Alles! Alles war nur ein Scherz eines russischen Geschäftsmanns."

Der Zug stoppte, wir waren im Berliner Hauptbahnhof. Mittlerweile fühlte ich mich wieder besser. Ich konnte sogar wieder lachen.

„Mein Junge, du wirkst irgendwie verzweifelt, wenn du lachst", bemerkte Dimitri besorgt.

Ich schaute ihn ungläubig an und fragte: „Aber Dimitri? Die Narbe auf Ihrer Hand gibt es doch wirklich!"

Dimitri, stolz und grinsend: „Ein Souvenir aus dem Tschetschenienkrieg."

Dimitri strahlte immer noch. „Falls du in Berlin mal richtig gut essen gehen willst, empfehle ich dir wärmstens das San Benno. Wenn du dem schwarzhaarigen Oberkellner mit Pferdeschwanz einen schönen Gruß von *Narben-Dimitri* ausrichtest, bekommst du 50 Prozent auf die Rechnung."

Ich stammelte nur: „Okay, danke."

„Ein Geschäftspartner holt mich jetzt mit seinem Wagen ab. Sollen wir dich irgendwo absetzen?"

Ich wehrte ab: „Nein, danke."

Dimitri stand auf und gab mir die Hand. „Es war mir ein Vergnügen, mit dir zu plaudern", sagte er freundschaftlich und ging.

Einige Sekunden später öffnete sich die Tür des Abteils wieder. Es war Dimitri.

„Ach ja, vielleicht sieht man sich ja nochmal wieder. Ich fahre die Strecke nämlich öfter. Du warst ein angenehmer Gesprächspartner. Und noch etwas. Etwa eine Stunde von Berlin, kurz hinter der polnischen Grenze, gibt es diese Asiamärkte.“ Dimitri zögerte kurz. „Geh da bitte niemals nachts allein hin. Mach's gut.“

Er verließ das Abteil und ließ einen kreidebleichen Menschen in Uniform zurück. Die Sache mit den Sklaven, dem weltweiten Händlerring, den Videos von Hinrichtungen ging mir viele Jahre lang nicht aus dem Kopf. Ich kam zu dem Schluss, dass ein Mensch sich so eine Geschichte nicht ausdenken kann. Oder etwa doch?

Ich recherchierte ein wenig und fand heraus, dass zu jener Zeit tatsächlich 11.000 Menschen in Deutschland vermisst wurden. 11.000 Menschen können sich nicht in Luft auflösen.

Im Laufhaus

In der Nähe des Münchner Hauptbahnhofs gibt es ein Heim für bulgarische Bauarbeiter. Es wird meist als „Bulgarenlager“ bezeichnet, weil es nicht besonders wohnlich eingerichtet ist und tatsächlich mehr einem Lager als einer menschenwürdigen Wohnstätte gleicht. Die hygienischen Zustände dort sind katastrophal. Am Abend trinken die Bauarbeiter sehr viel Wodka und Bier. Nicht selten kommt es unter den Alkoholisierten dann zu Handgreiflichkeiten, gelegentlich auch zu Messerstechereien.

Adrian lebte seit etwa fünf Jahren im „Bulgarenlager". Er arbeitete in München auf dem Bau. An einem Freitagabend spielte er mit seinen Kollegen Karten. Wodka und Bier flossen in Strömen. Als seine Kollegen nicht aufhörten, einander anzuschreien, und schließlich auch noch anfingen, sich zu prügeln, wurde es Adrian zu dumm. Er ging hinaus auf die Straße. Weil gerade Oktoberfest war, waren noch viele Leute unterwegs.

Adrian hatte vor Kurzem seinen Lohn erhalten. Daher konnte er sich eine Taxifahrt leisten und ließ sich in ein Laufhaus fahren. Er hatte bereits eine Flasche Wodka und etwa zehn Bier getrunken. Zumindest erzählte er mir das später. Er wurde erst am nächsten Abend wieder nüchtern. Während der Einfluss des Alkohols mit der Zeit abnahm, nahm Adrians Unbehagen zu. Irgendetwas mit der Laufhausgeschichte stimmte nicht. Er wusste nur nicht was. Adrian grübelte zwei Tage lang und trank während dieser Zeit auch keinen Alkohol. Nach und nach kamen die Erinnerung an den Besuch im Laufhaus zurück. Der Akt selbst war aus seiner Sicht störungsfrei und nach Plan verlaufen. Dennoch fühlte er deutlich, dass etwas nicht in Ordnung war. Schließlich fiel ihm wieder ein, mit welchem Namen die Prostituierte sich vorgestellt hatte: nämlich mit „Tea".

Tea ist in Bulgarien eine Koseform des Namens „Teodora". Adrian hatte einen gewissen Verdacht. Eine ganze Woche dachte er an nichts anderes. In der Arbeit redete er mit niemandem ein Wort. Am folgenden Montag meldete sich Adrian krank und fuhr mit dem Bus in das Laufhaus. Er fragte sich bei den Damen nach Tea durch und klopfte schließlich an ihrer Tür. Tea öffnete mit müden Augen. Sie hatte an diesem Tag bereits fünf Kunden gehabt und fragte gelangweilt: „Ja?"

Adrian sagte: „Hast du Zeit für eine Stunde?"

„Ja, komm rein."

Adrian war sehr nervös, versuchte es aber durch demonstrative Lockerheit und gute Laune zu überspielen. Er sagte: „Darf ich fragen, wie du heißt?"

„Tea."

„Und aus welchem Land kommst du?"

„Bulgarien."

Adrian lächelte künstlich und sagte auf Bulgarisch: „Wow, da komm ich auch her!" Ab jetzt unterhielten sie sich auf Bulgarisch. Adrian fragte weiter: „Wo genau kommst du her?"

Tea antwortete etwas misstrauisch: „Nähe Sofia."

Adrian: „Und darf ich fragen, wie du mit Nachnamen heißt?"

Jetzt reichte es Tea: „Bist du ein Polizist oder ein Psychopath oder beides? Warum fragst du mich aus?"

Adrian zitterte vor Wut. Er schrie laut: „Verdammt!", und fing hektisch an, Teas Schubladen zu durchwühlen. Tea bekam Angst. Sie flüchtete in ein anderes Zimmer, versperrte es und rief die Polizei. Nachdem Adrian Teas Zimmer auf den Kopf gestellt hatte, fand er ihre Lohnsteuerkarte. Darauf stand Teas kompletter Name: Teodora Dimov. Er selbst hieß Adrian Dimov. Auf der Karte stand auch Teas Geburtsdatum. Nun gab es keine Zweifel mehr. Adrian und Tea waren Geschwister.

Ich fuhr gerade Streife mit König Barbarossa, als es durch unseren Fahrzeugfunk schallte: „Helfen Sie doch mal bitte in einem anderen Revier aus, da ist keine andere Streife frei. Im Laufhaus Malibu rastet mal wieder einer aus und zerlegt das Zimmer einer Dame. Angerufen hat eine Frau Dimov. Die hat sich in einem anderen Zimmer eingesperrt und wartet."

Wir drückten die Knöpfe für den Blaustich und brausten los. König Barbarossa sagte: „Da ist wahrscheinlich einer mal wieder nicht auf seine Kosten gekommen und entlädt seine Wut am Inventar. Kam ja in letzter Zeit öfter vor."

Als wir eintrafen, lag Adrian schreiend auf dem Boden und wurde vom Hausmeister fixiert. Tea sagte nur, dass der Mann sich komisch verhalten habe und dann plötzlich ausgerastet sei. Wir brachten Adrian auf das Revier. Dort erzählte er uns weinend seine Geschichte:

Als er ein Kind war, hatten sich seine Eltern getrennt. Er hatte zwei Schwestern, an deren Äußeres er sich nur recht vage erinnern konnte. Kurz nach der Trennung ging die Mutter mit den beiden Töchtern in irgendeine bulgarische Großstadt und ließ Adrian beim Vater. Adrian hatte seither weder seine Mutter und noch seine beiden Schwestern wiedergesehen. Er hatte auch keine Fotos von ihnen. Ein paarmal hatte er seine Geschwister auf Facebook gesucht, wurde aber nie fündig. Er wusste auch nicht, wo sie wohnten oder was sie beruflich machten.

So hatte er auch Tea nicht erkannt. Erst als er wieder nüchtern war und ihm einfiel, dass sie sich mit Tea vorgestellt hatte, kam ihm ein leiser Verdacht.

Adrian bat uns weinend um Verzeihung und wir ließen ihn natürlich gehen. Rein strafrechtlich blieb an der Sache nichts hängen, denn Beischlaf unter Verwandten ist nur unter Vorsatz strafbar.

Wir mussten allerdings noch einmal ins Laufhaus Malibu, denn Tea wusste ja den eigentlichen Grund von Adrians Ausraster nicht. Wir hatten schon oft Todesnachrichten überbracht. Aber wie man einer Frau sagt, dass sie mit ihrem leiblichen Bruder Sex hatte, gehört nicht zum Lehrplan der deutschen Polizei. Erst lachte Tea. Als wir ihr sagten, es sei kein Scherz, wurde sie rot, dann totenbleich, dann übergab sie sich und weinte ununterbrochen.

Eine Woche später fuhr ich Streife, als mein Dienstgruppenleiter mich auf dem Handy anrief: „Du, da ist so 'ne heulende Bulgaren-Trulla, die dich sprechen will. Komm mal kurz rein!"

Die weinende Tea wartete in der Wache auf mich. Sie erzählte mir, dass sich ihre Eltern getrennt hatten, als sie ein kleines Kind war. Sie sei mit der Mutter und der Schwester dann nach Sofia gezogen. Dass sie einen Bruder hatte, erzählte ihr die Mutter erst, als sie schon 14 Jahre alt war. Sie habe den Bruder über Facebook gesucht, aber nichts gefunden. Vor ein paar Jahren war Tea dann nach Deutschland gezogen. Sie lebte in Hamburg und war eigentlich keine Prostituierte, sondern arbeitete in einem Supermarkt.

Sie sei nur wegen des Oktoberfests in der Stadt, erzählte sie und schluchzte. Eine Freundin habe ihr verraten, dass man während dieser Zeit in den Münchner Laufhäusern in nur 12 Tagen bis zu 30.000 Euro verdienen könne.

Sie fragte mich: „Kann ich vielleicht Adrians Adresse haben?"

„Prinzipiell schon", erwiderte ich, „ich brauche allerdings seine Zustimmung."

Ich wählte also Adrians Nummer und sagte: „Ihre Schwester ist hier und möchte Ihre Adresse. Darf ich sie ihr geben?"

Er fing sofort jämmerlich zu weinen an, sagte nach etwa 20 Sekunden „Ja" und legte auf.

Ich gab der ebenfalls weinenden Tea die Adresse. Ob sich die beiden tatsächlich getroffen haben, entzieht sich meiner Kenntnis.

König Barbarossa sagte zu der ganzen Sache nur: „Das ist einer der Gründe, warum ich nicht in den Puff gehe!"

Der Bachelor

Ich war mit meinem Freund und Kollegen Joe im Urlaub in Thailand. Wir wohnten in einem Zweibettzimmer in einer recht luxuriösen Hotelanlage am Strand. Wir kamen gerade aus dem Meer und gingen in Richtung unserer Sonnenstühle am Pool.

„Das ist der Bachelor", sagte Cindy über meinen Reisepartner. Cindy saß etwa 15 Meter von uns entfernt. Seit die Fernsehserie „Bachelor" bekannt wurde, werden besonders attraktive junge Männer so bezeichnet. Cindy hatte Silikonbrüste und war gerade blond. Sie hatte unzählige Piercings und Tattoos. Auch ihre Augenbrauen waren tätowiert. Sie war außerdem eine ziemliche Skandalnudel. Den Urlaub verbrachte sie mit Bruno, einem 130 kg schweren Bodybuilder.

Weil Cindy ihrem Ruf als Skandalnudel gerecht werden wollte und ein ziemlich gutes Händchen für Dramen hatte, hatte sie sich drei Tage zuvor, ausgerechnet im Urlaub, von Bruno getrennt. Das Hotel hatten sie schon im Voraus gebucht, und so mussten Cindy und Bruno noch etwas Zeit zusammen verbringen und auch im gleichen Zimmer schlafen. Sie kamen aus Graz. Cindy und Bruno lagen nebeneinander auf Sonnenliegen, und weil Bruno nicht reagiert hatte, sagte sie es nochmal: „Schau mal, da geht der Bachelor", und zeigte dabei auf meinen Kumpel.

„Auf solche Typen stehst du also?", fragte Bruno. „Du hast dich gerade von mir getrennt und jetzt kommst du mir mit sowas!?"

Bruno schloss die Augen. Als er sie wieder öffnete, stand Cindy bei uns, rauchte und unterhielt sich mit uns. Sie hatte nach Feuer gefragt, obwohl sie eigentlich drei Feuerzeuge in ihrer Handtasche hatte. Sie war gar nicht so dämlich wie sie aussah. Sie hatte Humor. Brunos bitterböser Blick war uns natürlich nicht entgangen. Ich habe nichts gegen Bodybuilder, aber die Tatsache, dass er dazu ein großer Fan von Mario Barth war, lässt wenig Interpretationsspielraum in Bezug auf seine Persönlichkeit offen.

Cindy hatte keine Lust mehr auf Bruno, und so kam es, dass sie den Großteil der Urlaubstage mit uns verbrachte. Wir saßen meistens sektschlürfend im Pool, lachten und scherzten.

Die Hotelzimmer hatten allesamt einen Balkon zum Pool. Bruno beobachtete uns von seinem Balkon aus permanent mit argwöhnischen Blicken. Er spannte dabei die Muskeln an und formte eine Faust. Tagelang ging das so, oft über Stunden. Cindy genoss es, Bruno eifersüchtig zu machen. Als sie einmal den Arm um Joes Hüfte legte, sah man sogar von Weitem, dass die Ader an Brunos Schläfe pochte.

Die Abende verbrachten wir meist zu dritt auf unserem Balkon. Eines Abends brach Joe mit Cindy eine Diskussion vom Zaun. Unser Balkon lag mehrere Meter über dem Pool. Im Pool war das Wasser nur etwa brusthoch. Cindy behauptete, es sei unmöglich zu überleben, wenn man betrunken vom Balkon in den Pool stürzt. Mein Kollege sah das anders. Er argumentierte, man müsse einfach die Beine in einem gewissen Winkel positionieren. Er musste einfach immer recht haben, und weil er spontan war, zog er sich bis auf die Unterhose aus, stellte sich aufs Geländer und hüpfte hinunter. Allein das Aufkommen hörte sich nach Mittelfußbruch an. Er blieb ein paar Sekunden unter Wasser, tauchte dann aber auf und sagte: „Wette gewonnen!"

Er blieb unverletzt, jammerte aber ein paar Tage über Knieschmerzen.

Am nächsten Tag waren wir wieder mit Cindy am Pool. Sie erzählte uns stolz, dass ihre Silikonbrüste insgesamt 8.000 Euro gekostet hätten. Es waren Gespräche auf höchstem Niveau.

Bruno beobachtete uns. Um seine Drohgebärden etwas zu verstärken, hielt er einen metallenen Gegenstand in der Hand, den man jedoch aus der Ferne nicht genau erkennen konnte. Am nächsten Abend saßen wir wieder auf unserem Balkon. Mein Kumpel verließ das Zimmer, um an der Bar etwas zu trinken zu holen. Plötzlich Riesengeschrei auf dem Gang. Wir stürmten nach draußen. Bruno stand wie eine Wand vor meinem Reisepartner und spannte seine Muskeln an. Er war so aufgebracht, dass sein Kopf rot anschwoll und die Adern hervortraten. Der Schweiß lief ihm von der Stirn. Sein Bizeps wirkte wie ein eigenes Wesen mit einem eigenen Gehirn, das in Brunos Armen wohnte.

Er schrie: „Wenn einer von euch etwas mit ihr anfängt, dann prügle ich die Scheiße aus ihm raus. Demnächst komme ich vielleicht ja mal bei euch vorbei und dann bringe ich euch zwei Hamperer um!"

Das Wort „Hamperer" hörte ich zum ersten Mal.

Cindy versuchte, ihren Ex-Eiweißkoloss zu beruhigen. Zum Glück wurde die Hotel-Security auf die Szene aufmerksam, und drei Thai-Burschen, die insgesamt so viel wogen wie Bruno, schickten ihn weg.

Nach dieser Aktion entschlossen wir uns, einen Cindy-freien Tag einzulegen. Bruno verfolgte uns die ganze Zeit über auf Schritt und Tritt. Waren wir am Strand, tauchte er plötzlich am Strand auf, waren wir im Pool, war auch Bruno plötzlich da. Als wir im Café saßen, hockte er plötzlich zwei Plätze weiter und starrte uns an. An seinem Blick sah man, dass er überlegte, ob er uns erschlagen oder doch besser erwürgen sollte. Doch schließlich ging er wieder.

Am Abend kam es dann zum Eklat. Der Nachmittag war ohnehin schon turbulent verlaufen. Mein Reisepartner und ich ruhten uns vom Katz- und Mausspiel mit Bruno, das eigentlich ein Gorilla- und Mausspiel war, in unserem Hotelzimmer aus. Ich las etwas. Mein Kumpel Joe hatte sich im Bad eingeschlossen. Aus den Geräuschen und der Zeit, die er schon im Bad war, schloss ich, dass es ein längeres Geschäft werden würde. Und dann ertönte es plötzlich sehr laut: „Oooooooooooh jaaaaaaaaaa."

Es war die Stimme einer Frau, die ganz offensichtlich vor sexuellem Hochgenuss stöhnte. Stöhnende Frauen sind in Thailand nichts Ungewöhnliches. Es waren aber mal wieder „dos problems", wie der korrupte Dom-Rep Cop sagen würde.

Problem uno war die Lautstärke. Das Stöhnen erschütterte das ganze Hotel. Problem dos war, dass das extrem laute Frauenstöhnen aus unserem Zimmer zu kommen schien. „Ooooohhh jaaaaaa, fuck me harder!" Es hörte einfach nicht auf!

Ich rannte zum Bad und hämmerte gegen die Toilettentüre, hinter der mein Kollege saß, während im Hintergrund „Ooooooh jaaaaaaa" tönte. Dann klopfte es laut an die Zimmertüre. Sehr laut. Irgendjemand hämmerte wie wild dagegen. Ich sah durch den Türspion und erblickte den Hotelmanager mit mehreren Angestellten. Sie wunderten sich natürlich über die extreme und vulgäre Lärmbelästigung aus unserem Zimmer. Ich öffnete nicht, was hätte ich denn sagen sollen? „Ja, in meinem Zimmer stöhnt eine Frau extrem laut, aber ich weiß nicht, wo sie ist."

Das Stöhnen nahm kein Ende. Ich wurde langsam nervös.

Fieberhaft überlegte ich: Joe war auf dem Klo, ich hätte gesehen, wenn er eine Dame mitgenommen hätte. Es wäre auch nicht sein Stil gewesen. Also wie um alles in der Welt konnte ein fast ohrenbetäubendes Frauenstöhnen aus unserem Zimmer kommen? Ich lief panisch auf den Balkon und schaute hinunter auf den Pool. Etwa 30 Leute blickten mich entsetzt an. Es war eine Reisegruppe aus China, deren Wasserballspiel durch die Geräusche aus unserem Zimmer jäh unterbrochen worden war.

Dann endlich sah ich sie und wusste, wo das Stöhnen herkam. Sie war ziemlich klein. Sie war eine Box auf dem Tisch des Balkons. Vielleicht können Sie sich vorstellen, was passiert war. Joe hatte auf der Toilette einen Porno auf seinem Handy angeschaut. Er hatte dabei jedoch vergessen, dass sein Handy noch über Bluetooth mit der Box verbunden war, die auf volle Lautstärke eingestellt war. Er selbst hatte gar nicht mitbekommen, dass er das ganze Hotel belästigte, weil er Kopfhörer trug. Ich hämmerte wie ein Verrückter gegen die Klotür. Irgendwann öffnete er.

Ich schrie: „Mach sofort den Porno aus, du beschallst das ganze Hotel."

Er machte den Film aus. Ich weiß noch genau, was ich damals dachte: „Der schaut beim Scheißen einen Porno – der braucht einen Psychologen."

Die Sache war uns natürlich sehr unangenehm. Wir verbarrikadierten uns in unserem Zimmer, um den Blicken der anderen Gäste und Angestellten zu entgehen. Als die Luft rein war, stahlen wir uns in eine Strandkneipe davon. Es war mittlerweile 15:00 Uhr, und natürlich lernten wir in der Kneipe zwei völlig irre Typen kennen. Vater und Sohn aus Berlin. Der Vater hieß Fritz, erinnerte stark an Meister Proper und war etwa 50 Jahre alt. Der Sohn, Leon, war 25 Jahre und sah etwas aus wie Bastian Schweinsteiger. Beide bereisten Thailand ausschließlich aus kulturellen Gründen.

Wir verstanden uns gut mit Fritz und Leon und sie erzählten uns allerhand obskure Geschichten. Für den Abend verabredeten wir uns in unserem Hotelzimmer. Leon schickte hierzu eine Audio-Nachricht: „Vatern ist noch 'ne Wurst inne Brille boxen, danach kommen wir vorbei."

In unserem Hotelzimmer tranken wir mit den Berlinern thailändisches Bier, welches Fritz als „Elefantenpisse" bezeichnete. Um 02:00 Uhr gingen sie schließlich wieder. Mein Kumpel sagte: „Bruno, der irre Proteinprolet, hat uns gar nicht mehr gestalkt."

Er hatte recht. An Bruno hatte ich gar nicht gedacht! Wir gingen ins Bett. Um 03:30 Uhr wachte ich plötzlich auf. Es kamen Geräusche von unserem Balkon. Dann sah ich, wie die Klinke der Balkontüre langsam nach unten gedrückt wurde.

Ich dachte mir nur: „Scheiße! Bruno, der dämliche Anabol-Affe, hat sich Mut angesoffen und es irgendwie geschafft, auf den Balkon zu klettern."

In weiser Voraussicht hatten wir die Balkontüre abgeschlossen. Jetzt wurde von außen an der Türe gerüttelt. Auch mein Freund Joe war inzwischen aufgewacht.

Ich schrie: „Es ist so weit, mach dich kampfbereit! Bruno ist auf dem Balkon!"

Wir sprangen wie von der Tarantel gestochen auf. Wir waren beide nackt, weil wir in heißen Ländern so zu schlafen pflegten. Joe nahm einen Stuhl in die Hand. Ich ging langsam in Richtung Balkontüre, an der es immer noch rüttelte. Ich sah zu meinem Kumpel hinüber. Es war ein groteskes Bild, wie er mit weit aufgerissenen Augen nackt dastand, einen Stuhl über dem Kopf. Er war zu allem bereit. Es war der entschlossenste Blick, den ich jemals gesehen habe.

Mit zittrigen Händen öffnete ich die Tür, und mein Reisepartner schlug mit voller Wucht mit dem Stuhl zu. Doch der Eindringling konnte gerade noch ausweichen.

„Spinnst du?", schrie er.

Erst jetzt erkannten wir ihn. Es war nicht Bruno. Es war Leon, der junge Berliner. Er und sein Vater hatten ihre Rucksäcke in unserem Zimmer vergessen. In den Rucksäcken waren ihre Reisepässe. Sie hatten lange geklopft, doch wir hatten tief und fest geschlafen. Leon war dann, sturzbetrunken, wie ein Schimpanse auf den Balkon geklettert und wollte in unser Zimmer, um sich die Rucksäcke zu holen.

Wir erklärten dem völlig verdatterten Leon, dass wir mit dem Angriff eines 130 kg schweren Mario Barth-Fans aus Graz gerechnet hatten und machten Fritz, dem Vater, die Tür auf.

Leon sagte: „Alter, ick wäre fast vom Balkong jestürzt."

„Keine Sorge, das kann man überleben!", entgegnete mein Kumpel weise nickend.

Wir scherzten noch ein bisschen mit den Berlinern und machten ein paar Selfies. Um 04:00 Uhr früh gingen sie. Ihre Rucksäcke mit den Pässen vergaßen sie übrigens ein zweites Mal.

Cindy und Bruno reisten am selben Tag ab. Von den beiden habe ich nie wieder etwas gehört. Ein paar Tage später checkten auch wir aus, und eine überaus höfliche Dame an der Rezeption übergab uns einen Brief. Es war ein lebenslanges Hausverbot.

Anzeige(n)

Im Film *Fight Club* heißt es: „Wenn man an Schlaflosigkeit leidet, ist man immer wach, aber nie richtig." Dieser Satz lässt sich ganz wunderbar auf die Nachtschichten bei der Polizei übertragen. Bei vielen Kollegen ist der kritische Punkt um 02:00 Uhr erreicht. Sie nicken dann auf dem Beifahrersitz ein, bis sie durch einen Funkspruch wieder aus dem Schlaf gerissen werden. Viele Münchner Polizisten konsumieren deshalb ein oftmals aus Kolumbien importiertes, pulvriges Suchtmittel mit Abhängigkeitspotenzial: Kaffee. Kaffee ist das Benzin des Polizisten, damit sein geistiger Motor laufen kann. Ohne die schwarze Plörre geht bei den meisten Kollegen gar nichts. Viele Beamte saugen auch begierig an Glimmstängeln, als befände sich ein Vakuum in ihrer Lunge. Zum Polizeialltag gehören außerdem der Verzehr von bis zu zehn Cheeseburgern und der literweise Konsum von Spezi und Red Bull.

Es war 19:30 Uhr, als die Nachtschicht begann, und mein Kollege Aumüller war todmüde. Er wollte einfach nur nach Hause. Sein Tag hatte bereits um 05:30 Uhr angefangen. Am späten Vormittag hatte er dann seine Frühschicht unterbrechen müssen, um vor Gericht auszusagen. Das war an sich nicht ungewöhnlich. Als Polizist muss man oft vor dem Strafgericht eine Zeugenaussage machen.

Diesmal ging es um einen nächtlichen Einsatz vor einer Diskothek. Aumüller war dabei leicht verletzt worden, als ein reicher, betrunkener Immobilienschnösel versucht hatte, ihn mit einem Sektglas ins Gesicht zu schlagen. Für seinen Strafprozess hatte sich der reiche Schnösel einen ebenso prominenten wie teuren Anwalt genommen, der wegen seiner Fernsehauftritte auch als „TV-Anwalt" bekannt ist.

Richter Kaltenbrunner war alles andere als begeistert. Der Star-Anwalt der Reichen und Schönen stellte gerne Befangenheitsanträge und verunsicherte die Zeugen. Der Angeklagte selbst hatte in seinem Strafregister bereits ein paar typische Immobilienschnösel-Einträge, zum Beispiel Kokainbesitz, Verkehrsunfallflucht, Steuerhinterziehung und Insolvenzverschleppung.

Dr. Kaltenbrunner seufzte. Er konnte ja nicht wissen, dass ihm ausgerechnet Aumüller zu Hilfe kommen würde. Der Star-Anwalt hatte gegen Aumüllers Verbalschlagkraft keine Chance. Am Ende der Diskussion sagte Aumüller zum Anwalt: „Sie reden so geschwollen, als ob Sie persönlich das Rad erfunden hätten."

Dr. Kaltenbrunner lachte laut auf. Doch beim Urteil zeigte er Milde. Der Angeklagte entschuldigte sich bei Aumüller und zahlte ihm mehrere 100 Euro Schmerzensgeld.

Nach der Verhandlung fuhr Aumüller mit der U-Bahn nach Hause, um ein wenig zu schlafen. Er wälzte sich im Bett hin und her. Schlaf fand er keinen. Dann fuhr er zur Nachtschicht. Die drei Red Bull, die er bereits intus hatte, taten nicht die gewünschte Wirkung. Seine Glieder fühlten sich wie Wackersteine an. Eine unsichtbare Macht schien gegen seinen Schädel zu hämmern. Er hatte starke Migräne an diesem Abend.

Um 22:37 Uhr erschien auf der Wache ein rotzfrecher 16-Jähriger namens Murat, der seinen Geldbeutel verloren hatte. Aumüller nahm eine Verlustanzeige auf.

Als Aumüller ein Red Bull exte, sagte Murat bewundernd: „Boah, du gönnst dir aber, Digga."

Murat wollte anschließend noch einen Nachbarsjungen namens Cengiz wegen Beleidigung anzeigen. Dieser hatte ihn seit drei Tagen nicht zurückgegrüßt. Das ging gegen Murats Ehre. Aumüller erklärte Murat ziemlich genervt, dass das keine Straftat sei.

Murat sagte: „Doch, es ist Straftat. Geh mal googeln und schau bei Gesetz!"

Aumüller warf Murat aus der Wache. Vor der Wache hörte man Murat mit einem Freund telefonieren. Murat sagte: „Digga, lass mit U-Bahn Mäces fahren Trudering. Aber komm nicht zu spät, scheiß 31er, sonst, wallah, wird rasiert!"

Dann verschwand Murat im Dunkeln. „31er" ist bei Jugendlichen ein beliebtes Schimpfwort. Es spielt auf den „Kronzeugen" beziehungsweise „Verräter-Paragrafen", § 31 BtmG an, wonach Täter aus dem Betäubungsmittelmilieu Straferlass erhalten, wenn sie Hintermänner benennen.

Dann klingelte es wieder. Aumüller antwortete: „Bitte schön?"

„Ja, hallo, ich will eine Anzeige erstatten. Mein Ex-Freund stalkt mich."

Aumüller öffnete die Schleuse. In die Wache trat eine 30-jährige Frau mit schwarzen Haaren. Wie sich rasch herausstellte, verfügte sie über ein enormes Maß an fundiertem Halbwissen.

Die Frau schilderte Aumüller, dass sie sich gestern von ihrem Freund getrennt hatte. Heute wagte es dieser

Ex-Freund tatsächlich, vor der unteren Eingangstüre mit einer Rose in der Hand zu stehen.

Der Ex-Freund stand auf öffentlichem Raum, es war also kein Hausfriedensbruch. Angegriffen oder bedroht hatte er die Frau auch nicht. Der Mann verschwand auch sofort wieder, nachdem die Frau ihn dazu aufgefordert hatte. Es konnte also kein Stalking sein. Die Sache war keine Straftat. Und somit auch kein Fall für eine Polizeiwache, sondern für eine Talkshow im Privatfernsehen.

Als sich in Deutschland die Stalking-Fälle häuften, führte man 2007 Paragraf 238, Nachstellung, ein. Da Stalking bekanntlich kein deutsches Wort ist, bediente man sich bei § 292 Jagdwilderei, denn es ist verboten Wild *nachzustellen*. Im Stalking Paragrafen für Menschen heißt es unter anderem:

§ 238 Nachstellung

(1) Mit Freiheitsstrafe bis zu drei Jahren oder mit Geldstrafe wird bestraft, wer einer anderen Person in einer Weise unbefugt nachstellt, die geeignet ist, deren Lebensgestaltung schwerwiegend zu beeinträchtigen, indem er beharrlich

1. die räumliche Nähe dieser Person aufsucht,

2. unter Verwendung von Telekommunikationsmitteln oder sonstigen Mitteln der Kommunikation oder über Dritte Kontakt zu dieser Person herzustellen versucht.

Der Besuch mit der Rose war einmalig, weswegen das Merkmal „die Nähe beharrlich aufsuchen" nicht erfüllt war. Der Ex-Freund hatte auch nicht „die Lebensgestaltung schwerwiegend beeinträchtigt". Dies ist erst erfüllt, wenn das Opfer zum Beispiel wegen des Psychoterrors tagelang nicht schlafen kann oder an Panikattacken, Angstzuständen oder Depressionen leidet.

Aumüller erklärte der Frau dreimal ruhig und höflich, dass er deshalb auch keine Anzeige aufnehmen konnte.

„Doch, das ist eine Straftat, er hat mich gestalkt und Sie müssen das aufnehmen!", sagte die Frau.

„Ich habe es Ihnen bereits dreimal erklärt. Es ist keine Straftat", antwortete Aumüller.

„Doch, ist es! Ich hab es im Internet gelesen!"

„Auf welcher Seite denn?", erkundigte sich Aumüller.

„Gute Frage net ", antwortete die Frau.

„Da sehen Sie es doch, da kann jeder 15-jährige Spinner was reinschreiben."

„Aber meine Cousine hat auch gesagt, dass es Stalking ist, und die studiert Jura!"

Aumüller hasste das Wort Stalking. „Und seit wann studiert Ihre Cousine Jura?"

„Seit eineinhalb Monaten!"

„Dann soll sie erst mal weiterstudieren. Ich habe es Ihnen dreimal erklärt, ich kann gerne meinen Vorgesetzten hinzuziehen, ansonsten würde ich Sie bitten zu gehen."

Aumüller hätte am liebsten zu der Frau gesagt: „Geh mal googeln und schau bei Gesetz!"

Die Frau sagte: „Wir kommen zwar aus unterschiedlichen Narrativen, aber ich verstehe nicht, warum Sie so unhöflich sind."

Mittlerweile konnte man Aumüllers Halsschlagader pochen sehen. Er hatte eine abgrundtiefe Abneigung gegen das Wort „Narrativ" beziehungsweise gegen Leute, die dieses Wort falsch benutzten. Diese Menschen nannte er immer „pseudointellektuelle Blindschleichen".

Die Frau ließ sich Aumüllers Namen geben, weil sie sich beschweren wollte. Aumüller war genervt. Er wusste, dass die Frau im ganzen Freundeskreis nun erzählen würde, dass ein unglaublich fauler Beamter der Isarwache sich geweigert hätte, ihre Anzeige aufzunehmen.

Aumüller exte noch ein Red Bull. Keine zehn Sekunden später klingelte es wieder. Sein Schädel brummte, er wollte einfach heim in die Badewanne. In die Schleuse trat allerdings nicht mehr die schwarzhaarige Frau mit der Rosenaversion, sondern Mr. Chow.

Mr. Chow hatte ein nettes chinesisches Restaurant mit zwei Köchen und vier Kellnern. Seinen Spitznamen hatte er sich übrigens selbst gegeben, weil er der Figur des „Mr. Chow" im Film „Hangover" stark ähnelte. Mr. Chow war polizeibekannt, weil drei Schichten der Dienststelle Essen in seinem Restaurant holten. Die Preise waren in Ordnung. Mr. Chow war ein großer Fan der Münchner Polizei und immer gut gelaunt, wenn man ihn in seinem Restaurant antraf und er uns Tüten mit asiatischen Köstlichkeiten übergab.

Aumüller öffnete die Schleuse und Mr. Chow kam herein.

„Was ist denn mit Ihnen passiert?", fragte Aumüller entsetzt.

Mr. Chow war sehr betrübt und hatte Tränen in den Augen. Er erklärte, dass gestern Abend ein Chinese in sein Restaurant gekommen war und ihm ein gutes Angebot gemacht hatte. Der Mann war Leiter einer Reisegruppe aus China. Nach der Besichtigung von Hamburg, Berlin, Köln und Nürnberg hatten die Touristen das deutsche Essen satt. Sie wollten endlich einmal wieder authentische chinesische Küche genießen. Es waren insgesamt 100 Leute, die noch am selben Abend in Mr. Chows Restaurant essen wollten. Mr. Chow war begeistert. Sein Restaurant lief zwar nicht schlecht, er musste allerdings noch eine Wohnung abbezahlen. Er vereinbarte mit dem Reiseleiter einen Festpreis von 1.500 Euro. Dafür könnten die Touristen die Köstlichkeiten in Mr. Chows Restaurant à la carte genießen.

Die Sache hatte allerdings einen großen Haken. Der Reiseleiter hatte kein Bargeld. Aus einer Tasche holte er einen riesigen Goldbarren hervor. Der Goldbarren war angeblich genau 20.000 Euro wert. Der Mann wollte Mr. Chow mit dem Goldbarren bezahlen. Mr. Chow sollte ihm 18.500 Euro in bar zurückgeben. Mr. Chow erklärte Aumüller, dass es in manchen chinesischen Provinzen üblich sei, mit Goldbarren zu zahlen. Das Siegel auf dem Goldbarren des Reiseleiters schien echt zu sein. Mr. Chow willigte ein. Der Koch und die Kellner hatten alle Mühe, ihre Landsleute zu bedienen. Die Gäste waren von Mr. Chows Küche begeistert.

Doch da war noch die Bezahlung. Mr. Chow raste mit dem Auto zur Bank. Kurz bevor die Bank schloss, konnte er noch rasch sein Sparkonto anzapfen und 18.500 Euro abheben. Das Konto hatte er eigentlich für seinen vierjährigen Sohn eingerichtet. Mr. Chow übergab das

Geld an den chinesischen Reiseleiter, der ihm dafür den Goldbarren überließ. Noch am selben Abend reiste die Gruppe in Richtung Italien weiter.

Mr. Chow brachte den Goldbarren am nächsten Tag gleich in der Früh zu einem Juwelier. Wie Sie sich denken können, war das Gold nicht echt. Es war nicht mal einen Euro wert. Es handelte sich um „Katzengold ". Es sieht echtem Gold täuschend ähnlich. Mr. Chow hatte weder den Ausweis des Reiseleiters abfotografiert noch sich einen Namen geben lassen. Sein Restaurant war nicht videoüberwacht. Er hatte sich auch nicht das Kennzeichen des Reisebusses notiert. Auf Aumüllers Frage, warum er das nicht getan hatte, antwortete er: „Das ist in China nicht üblich. Ich vertraue den Menschen."

Den vermeintlichen Goldbarren hatte Mr. Chow übrigens dabei. Er wirkte tatsächlich täuschend echt. Spuren konnte man darauf leider keine mehr sichern, zu viele Menschen hatten ihn berührt. Die Anzeige nahm Aumüller auf, der Reiseleiter wurde natürlich nie ermittelt. Wer weiß, wie oft der Halunke damit durchkam.

Als die Anzeigenaufnahme bei Aumüller beendet war, überreichte Mr. Chow ihm einen Glückskeks, den er extra mitgenommen hatte. Mr. Chow und Aumüller verabschiedeten sich und Mr. Chow verließ die Wache. Aumüller brach den Keks auf und schaute was auf dem Zettel stand: „Güte in den Menschen erzeugt Vertrauen."

Später informierte Aumüller alle Dienstgruppenleiter per E-Mail von der Sache. Jeder kannte Mr. Chow. Die Dienststelle hatte damals 180 Kollegen. Aumüller schlug vor, dass jeder Beamte der Dienststelle zehn Euro zahlt und der Gesamtbetrag Mr. Chow übergeben wird. Es wären 1.800 Euro gewesen, und natürlich nur ein symbolischer Betrag. Aumüller hatte alles organisiert. Doch die Dienststellenleitung bekam davon Wind und die Aktion durfte nicht stattfinden. Sie hätte gegen die Neutralitätspflicht der Polizei verstoßen. Von dem wirtschaftlichen Schaden erholte sich Mr. Chow übrigens nie. Sein Restaurant musste schließen. Was aus ihm wurde, weiß ich nicht.

U-Bahn

Es war ein schöner sonniger Tag und König Barbarossa, mein bevorzugter Streifenpartner und ich, sollten am U-Bahnhof Sendlinger Tor „Giftler schütteln". Als Giftler werden in Fachkreisen Junkies bezeichnet. Das Wort „schütteln" wird verwendet, weil man ihre mitgeführten Taschen oder Jacken abklopft, sodass Pillen oder Päckchen mit Drogen herunterfallen. Bei dieser Gelegenheit lernte ich auch Paul kennen. Mehr zu ihm später. Als wir die Rolltreppe hinunterfuhren, scherzten wir noch, dass wir bestimmt irgendeinen weltweit gesuchten Mafiaboss festnehmen würden.

Er fiel uns schon von Weitem auf. Mit seinem Undercut und seinem Kanisterschädel sah er aus wie ein psychotischer russischer Straßenkämpfer, der mindestens schon fünf Jahre im Knast war. Er trug eine schwarze Jogginghose und einen Kapuzenpulli und hatte eine Bauchtasche um. Mit seinen wasserblauen Augen musterte er uns abschätzig. Sein ausladender

Gang gefiel mir überhaupt nicht. Ich fühlte mich provoziert, weil er mich von oben bis unten mehrere Sekunden lang musterte. In der Polizeibranche nennen wir das „blickficken". Als er beim direkten Augenkontakt demonstrativ auf den Boden spuckte und es beim Aufkommen des Speichels regelrecht klatschte, entschieden mein Kollege und ich mich für eine Kontrolle. „Grüß Gott, die Polizei. Nehmen Sie bitte mal die Hände aus den Taschen."

Seltsamerweise reagierte der Mann recht entspannt. Er murmelte nur irgendetwas von „Kein Problem" oder so. Der Aufforderung, seine Hände aus den Taschen zu nehmen, kam er nach.

Mein Kollege schrie: „Messer weg!"

Als der Mann seine Hände aus den Taschen nahm, hatte ich übersehen, dass er in der linken Hand ein Messer hatte. Doch mein Kollege war aufmerksam. Er stand rechts neben mir und hatte seine Dienstwaffe bereits gezogen. Mein Puls raste, Adrenalin schoss durch meine Adern und meine Hände zitterten. Was ich jetzt zu tun hatte, hatte ich bereits in unzähligen Trainingseinheiten geübt. Ich funktionierte. Ich zog meine Waffe, ging ein paar Meter auf Distanz und schrie: „Messer weg!"

Jetzt standen wir da. Der Mann hielt ein Messer mit einer etwa 15 cm langen Klinge in der linken Hand, wir ein paar Meter auf Abstand, die Waffen auf ihn gerichtet. Auch für erfahrene Polizisten ist dies keine alltägliche Situation.

Auf unser Geschrei reagierte der Mann überhaupt nicht, stammelte nur etwas von „Denkt ihr jetzt, ihr habt mich?". Dann streckte er das Messer in meine

Richtung – und lief auf mich zu. Er war wohl einer dieser Menschen, die mangelnde Bildung durch absolute Konsequenz kompensierten. Ich schrie noch einmal: „Messer weg!!!!"

Als der Kanisterschädelrusse etwa drei Meter von mir entfernt war, zielte ich auf seine Brust und drückte ab. Doch es passierte etwas, womit ich nie im Leben gerechnet hätte. Nämlich nichts. Einfach nichts. Es löste sich kein Schuss. Der Mann kam immer näher. Er war nur noch einen Meter von mir entfernt, das Messer nach vorne gestreckt. Ich presste meine Hand gegen den Spanngriff meiner Waffe so fest ich konnte und drückte so oft wie möglich ab. Es passierte – nichts. Meine Waffe musste einen Defekt haben.

Der Russe holte zum Stich aus, ich versuchte noch instinktiv, ihm das Messer aus der Hand zu schlagen, während ich von Todesangst gepackt meinem Kollegen aus voller Kehle zurief: „Knall ihn ab!"

Doch es war zu spät. Das Messer drang in meine rechte Brust ein. Ich stürzte zu Boden und lag auf dem Rücken, der Russe auf mir. Ich konnte das Messer sehen, wie es tief in meiner Brust steckte. Dann passiert etwas wirklich sehr Seltsames. Ich hörte es klar und deutlich. Die Melodie klang vertraut. Es war das Lied „Ass like that" von Eminem. Ich lag mit einem Messer in der Brust auf dem Rücken, der Messermann auf mir und ich hörte klar und deutlich Eminems Stimme: „I have never seen an ass like that."

Wie um alles in der Welt konnte das sein? Ich richtete mich ruckartig auf, und er sah mich mit seinen blauen Augen an. Doch es war nicht der Messermann, sondern Eminem. Allerdings auf einem Poster in meiner Wohnung.

Ich hatte lediglich schlecht geträumt. Und das Lied „Ass like that" war in meinem Handy als Wecker eingespeichert. Schweißgebadet schleppte ich mich ins Bad. Es war 04:30 Uhr. Ich hatte wieder nur eineinhalb Stunden geschlafen. Ich duschte und fuhr zur Frühschicht, die um 05:45 Uhr begann. In der U-Bahn blickte ich in ausdruckslose, bleiche Gesichter von anderen Frühpendlern. Ich stieg am menschenleeren Bahnhof aus und ging in Richtung Rolltreppe. Es war eiskalt.

Man konnte ihn gar nicht übersehen. Er war Holländer, hieß Hans, war 35 Jahre alt, 1,95 Meter groß, 120 Kilo schwer, hatte blonde Haare und jede Menge Tätowierungen auf seinen Armen. Noch auffallender als seine äußere Erscheinung war sein schwankender Gang. Hans hatte zusammen mit ein paar Freunden einen Junggesellenabschied gefeiert. Und weil es keine Pilgerfahrt frommer Mönche, sondern ein Ausflug von gestandenen holländischen Handwerkern war, wurde ordentlich gebechert. Nun war er so desolat betrunken, dass er beinahe im Stehen einschlief.

Hans wankte in meine Richtung. Als er noch zehn Meter von mir entfernt war, kam er dem Bahnsteig so nahe, dass ich ihm entgegeneilte, um ihn notfalls festzuhalten. Doch er fing sich wieder, bog scharf nach links und setzte sich auf eine Bank. Das war knapp. Ich hatte ein schlechtes Gefühl. Was, wenn er wieder in Richtung Gleis torkelte? Was, wenn niemand da wäre, um ihn festzuhalten?

Ich ging zu der Bank, auf der Hans innerhalb einer Sekunde vom Schlaf übermannt worden war. Ich schüttelte ihn drei Minuten lang, bis er endlich aufwachte.

Die Zeit war knapp. Ich wollte meine Kollegen von der Nachtschicht pünktlich ablösen.

Als Hans wach war, fragte ich: „Alles okay bei dir?"

„Ja, ja", sagte er mit einer Fahne, wie ich sie mir bei sibirischen Waldarbeitern vorstellte.

Ich fragte: „Weißt du, wo du bist?"

Hans lallte: „Ja. M-M-M-München. Zentrum."

Das war immerhin etwas. Ich wollte von ihm wissen, wo er wohnte.

Hans zückte seinen Geldbeutel und holte eine kleine Karte hervor. „Ibis Hotel Goethestraße" stand darauf zu lesen. Es war nicht allzu weit. Ich überlegte, ob ich meine Kollegen verständigen sollte, um Hans aus der Gefahrenzone zu bringen. Aber was, wenn der Holländer wieder einigermaßen gerade laufen würde, bis die Kollegen da waren? Was ich mir dann anhören müsste, konnte ich mir gut vorstellen: „Wegen so einem Blödsinn holst du uns kurz vor Ende der Nachtschicht her?"

Ich sah auch schon meinen Dienstgruppenleiter vor mir, wie er ungläubig fragte: „Wegen so einem Mist kommst du zu spät? Wir sind in München und um diese Uhrzeit ist jeder Zweite stockbesoffen!"

Ich sagte daher zu Hans: „Okay, du bleibst einfach ein bisschen hier sitzen, bis du wieder klar im Kopf bist. Dann gehst du nach oben, da stehen die Taxis. Du zeigst dem Fahrer die Karte mit der Adresse des Hotels!"

Hans stammelte: „Ja, ja!", und bedankte sich bei mir.

Im dunklen Morgengrauen ging ich vom U-Bahnhof zur Dienststelle. In der Umkleide beobachtete mich

Pamela Anderson von einem Poster aus. Ich ging nach oben und holte mir erstmal „schwarzes Gold", wie mein Dienstgruppenleiter gerne den Kaffee nannte. Die anderen Kollegen saßen in der Küche. Kongo-Sepp hatte bereits sein erstes Tinder Match.

Wir saßen beim Frühstück zusammen.

Ein Kollege fragte: „Als was geht ihr heuer eigentlich im Fasching?"

„Als Asiate", antwortete Heinz-Rüdiger. Er sah auch ohne Kostüm sehr asiatisch aus, denn seine Mutter kam aus Vietnam. Sie liebte alte deutsche Vornamen und seinem Vater war es nicht gelungen, sie davon abzubringen.

Eine blonde Kollegin erzählte: „In der Freischicht wurde ich im Club von so einem ätzenden Typen angemacht. Der war übelst aufdringlich. Echt unangenehm."

Kongo-Sepp meinte dazu nur: „Ganz nach dem Prinzip: Einmal an die Bar getänzelt, schon ist einer rumgeschwänzelt! Hahaha!"

Sanchez verstand das Problem nicht: „Sei doch froh, dass dich einer anmacht! Endlich würde sich einer erbarmen und dann willst du nicht!" Nachdenklich fügte er hinzu: „Ist wahrscheinlich das erste Mal, dass dich Pummelchen einer angelabert hat." Dann bot er der Kollegin noch an, ihr jederzeit für sexuelle Handlungen zur Verfügung zu stehen, falls Not am Mann (oder besser gesagt an der Frau) sei.

Alle lachten aus voller Kehle. Die blonde Kollegin verdrehte nur die Augen.

Langsam ging die Sonne auf. An diesem Tag fuhr ich Streife mit Tschechen-Hias. Wir sahen die ganzen

Feierwütigen, die vor dem McDonald's im „Tal" standen und mit ihren von Wodka-Red Bull und Kokain aufgedunsenen Gesichtern Burger in sich hineinschlangen wie ausgehungerte Straßenhunde. Einer dieser Herren trug ein Deutschlandtrikot. Ganz nach dem Motto: im Herzen Deutschland, in der Nase Kolumbien.

Tschechen-Hias hatte übrigens eine hübsche 20-jährige Tochter. Sie kam zum Glück ganz nach ihrer Mutter. Wäre sie nach Tschechen-Hias gekommen, würde das arme Mädchen aussehen wie der amerikanische Serienmörder John Wayne Gacey mit langen Haaren.

Tschechen-Hias wollte mich immer mit seiner Tochter verkuppeln, aber sie hatte vor, demnächst selbst bei der Polizei anzufangen, und ich musste an den Spruch „Tauche nie deinen Füller in Firmentinte" denken.

Die Tochter hatte sich kürzlich nach zwei Jahren Beziehung von ihrem Freund getrennt. Am Wochenende war sie dann mit einem neuen Bekannten in den Bergen beim Zelten gewesen. Offensichtlich war nichts gelaufen. Darüber regte sich Tschechen-Hias fürchterlich auf: „Im Zelt! Zu zweit! Und dann läuft nichts? Die hat Körbchengröße 90C! Ist ja nicht so, dass sie nicht willig gewesen wäre! Im Gegenteil! Was hätte sie denn noch tun sollen? Ihm die Schuhe aufbinden? Seine Mutter um Erlaubnis fragen? Der Friesenbichler Hans, der Haslinger Sepp und ich haben in dem Alter alles mitgenommen, was ging. Aber die jungen Leute heutzutage, lauter Marmeladbuben!"

Tschechen-Hias beruhigte sich langsam wieder etwas. Dann ertönte es am Funk: „Am Marienplatz hätte ich für die Streifen noch ein Schmankerl. Ein Betrunkener ist ins Gleis der U6 gefallen, die U-Bahn ist drübergefahren. Ob er noch lebt, ist nicht bekannt. Feuerwehr rollt."

Das Wort „Schmankerl" bedeutet in Süddeutschland übrigens so viel wie „Leckerbissen".

Mir schoss es durch den Kopf: Das musste der betrunkene Holländer gewesen sein. Nein, verdammt! Das wäre nicht passiert, wenn ich die Kollegen gerufen hätte und diese ihn entweder ins Taxi gesetzt oder in Schutzgewahrsam genommen hätten.

Ich fühlte mich schrecklich. Ich hoffte so sehr, dass er noch lebte. Vier Streifenwagen rasten zum Marienplatz. Wir liefen die Treppen zur U-Bahn hinunter. Ich dachte mir: „Wenn er tot ist, werde ich meines Lebens nicht mehr froh."

Tschechen-Hias rutschte auf der nassen Treppe aus. Sie können sagen, was Sie wollen, aber wenn dicke Menschen ausrutschen und hinfallen, schaut es viel witziger aus als bei dünnen Menschen.

Wir ließen Tschechen-Hias liegen und liefen weiter nach unten. Die U-Bahn stand und die Feuerwehr arbeitete bereits, ansonsten war der Bahnhof menschenleer. Der Einsatzleiter der Feuerwehr erwartete uns schon.

Ich hoffte immer noch, dass er überlebt hatte. Ich konnte doch nichts dafür. Ich hatte ja nicht die ganze Zeit auf ihn aufpassen können. Der Mann war außerdem örtlich orientiert, ich hatte ihn ja gefragt, und er wusste, wo er war. Selber schuld, wenn er so viel säuft.

Der Einsatzleiter der Feuerwehr sagte: „Der U-Bahnfahrer hatte keine Chance zu bremsen." Die Kollegen der Feuerwehr werkelten währenddessen unter der U-Bahn.

Ich fragte: „Gibt es eine Chance, dass er überlebt hat?"

„Ja, die gibt es", antwortete der Einsatzleiter.

Ich fühlte unendliche Erleichterung. Bis er hinzufügte: „Aber vorher gewinnen die 60er nächstes Jahr die Champions League."

Er meinte damit den Verein TSV 1860 München, der zu dieser Zeit in der vierten Liga herumdümpelte.

Es war eine jener Situationen, in der auch ein Agnostiker plötzlich zu beten beginnt. Wir standen immer noch am Bahnsteig.

„Bitte, lieber Gott, mach, dass der Suffkopf überlebt hat!"

Dann plötzlich Aufregung. Einer der Feuerwehrmänner unter der U-Bahn rief: „Wir haben ihn!"

Sie fanden ihn direkt unter dem Zug. Da lag er nun. Hans der Holländer. Es war genau 06:37 Uhr. Das Bewusstsein erlangte Hans nicht mehr. Zumindest für die nächsten vier Stunden. Hans war vollkommen unverletzt und lag vom Alkohol bewusstlos unter dem Zug. Er war zwar ins Gleis gefallen, aber direkt in die Mitte in einen für ihn perfekten Winkel. Der Zug war einfach über ihn hinweggerollt, ohne ihn auch nur zu berühren. Während andere bei recht unspektakulären Fahrradstürzen sterben, überlebte Hans den Sturz ins U-Bahngleis mit einer kleinen Schramme im Gesicht, die ähnlich aussah wie Harry Potters Narbe. Hans kam zur Untersuchung ins Krankenhaus. Kongo-Sepp und eine Kollegin fuhren dem Rettungswagen hinterher und stellten Hans' Personalien fest. „Den hat's voll ins Gleis geschnudelt", hatte Kongo-Sepp gesagt.

Wir gingen erleichtert die Rolltreppe nach oben und wollten in den Streifenwagen steigen. Kongo-Sepp schrie uns von Weitem zu: „Hey, Tschechen-Hias! Als du vorhin hingefallen bist mit deiner Plauze, das hat im Indischen Ozean einen Tsunami ausgelöst, hahaha."

Tschechen-Hias erwiderte nur: „Ach, halt die Maule!" (Er sagte wirklich „Halt die Maule!". Seine tschechische Ex-Frau wollte im Zuge eines Sorgerechtsstreits einmal zu ihm „Halt's Maul!" sagen, hatte aber in der Aufregung etwas durcheinandergebracht.)

Dann stieg er in den Einsatzwagen und meinte grinsend: „Das war dann wohl der fliegende Holländer."

Dass Betrunkene wie Hans der Holländer ins U-Bahngleis fallen, kommt in München relativ häufig vor. Das liegt daran, dass in München das weltgrößte Massenbesäufnis stattfindet. Etwa zwei Menschen sterben jedes Jahr oktoberfestbedingt. Meist fallen sie ins Gleis oder auf die Straße und werden überfahren. 2018 starb ein Mann nach einer Schlägerei vor einem Bierzelt. Einmal torkelte ein betrunkener Engländer auf die Straße und wurde von einem Auto erfasst. Anstatt anzuhalten, fuhr der Autofahrer weiter und schleifte den Engländer mit. Als der Fahrer schließlich von einer Streife gestellt wurde, behauptete er: „Ich dachte, ich hätte einen Baum mitgeschleift, deshalb habe ich nicht angehalten." Der Engländer starb übrigens. Einmal wollte ein betrunkener Norweger in einem Café die Treppe hinunter zur Toilette gehen, stürzte und starb.

Dass Stürze ins Gleisbett meist deutlich schlimmere Folgen haben als bei Hans dem Holländer, wurde noch in der Nachtschicht deutlich, als ein Mann in einem stark frequentierten U-Bahnhof ins Gleis stürzte. Da zu diesem Zeitpunkt noch nicht klar war, ob es sich um einen Unfall handelte oder ob der Mann ins Gleis gestoßen worden war, rückten etwa 30 Polizisten an und begannen, den U-Bahnhof zu räumen und abzusperren.

Da die meisten Menschen dort aus dem aggressiven Teil der Party- und Eventszene kamen und sich fürchterlich aufführten, mussten sie aus dem Bereich gedrängt und geschubst werden. Wegen irgendeines technischen Defekts konnten die Türen der U-Bahn nicht geöffnet werden. Viele Fahrgäste, die sich noch in der U-Bahn befanden, fingen an, zu weinen und in Panik zu verfallen. Dann fiel mir ein, dass sie den Grund ja gar nicht kannten, warum plötzlich 30 Polizisten den Bahnhof räumten und hektisch hin und her liefen. Die Leute waren mehrere Minuten eingeschlossen, ohne zu wissen, was passiert war. Viele von ihnen befürchteten einen Terroranschlag. Den Blick einer jungen Frau konnte ich lange nicht vergessen. Er verriet, dass sie tatsächlich Todesangst hatte.

Sie schrieb auf ihrem Handy und zeigte mir den Bildschirm, auf dem „Anschlag? Amoklauf?" stand.

Ich nahm einen Block und schrieb: „Keine Angst, es ist nur jemand ins Gleis gefallen. Für Sie besteht keine Gefahr!"

Erst, als ich den Zettel später entsorgte, fiel mir auf, dass das „nur" völlig unangebracht war. Die Feuerwehr barg den Mann. Sein Unterleib war komplett zerfetzt. Das Bild erinnerte mich an die Fleischtheke meines Stammmetzgers. Plötzlich wurde mir übel und ich musste mich fast übergeben. Dann sank mein Kreislauf rapide wie ein Sturzkampfbomber nach unten. Ein guter Bekannter von mir hatte auf die gleiche Weise Selbstmord begangen. Ich stellte mir vor, dass er wohl ähnlich ausgesehen haben musste. Ich atmete tief durch, um mich wieder zu sammeln.

Der Mann lebte noch, war aber in akuter Lebensgefahr. Rundherum feierten die Leute einfach weiter. Die jungen Menschen machten nicht einmal Platz, als die Feuerwehr den Verletzten auf einer Trage schnellen Schrittes in Richtung Notarztfahrzeug brachte. Einige machten in ihrer Sensationsgier sogar Fotos von den Verletzungen des Mannes, während sie von uns weggedrängt werden mussten. Die Feuerwehr und den Notarzt mussten wir regelrecht eskortieren. Ein junger, arabischstämmiger Mann wollte ein Selfie neben dem Verletzten machen.

Ein Kollege wies den Mann zurecht. Der junge Mann sah meinen Kollegen nur an und sagte: „Fass mich einmal an und dein Arsch wird U-Bahnschacht!"

Zwei junge Kollegen erteilten ihm einen Platzverweis, doch er wollte partout nicht gehen. Ihn nach draußen zu drängen, trauten sich die beiden Kollegen nicht. Zu groß war die Gefahr, dass er sie angriff und sie den Mann unter Zwang hätten fesseln müssen. Beide Kollegen hatten Angst, dass Passanten ein Video machen könnten, in dem ein schreiender und sich scheinbar unter Schmerzen windender Mensch mit Migrationshintergrund von ihnen gefesselt wird. Sie fürchteten sich davor, dass dann die deutsche Betroffenheitsmaschinerie anlaufen und sie als Sündenböcke der Nation dastehen würden – dafür, dass sie ihre Arbeit machten. Dass sich junge Polizisten nicht mehr trauen, bei aggressiven Leuten mit Migrationshintergrund zuzupacken, aus Angst öffentlich als „Rassisten" diskreditiert zu werden, ist ein weit verbreitetes Phänomen. Es hat in den letzten Jahren immer stärker zugenommen.

Zum Glück wurde der erfahrene Tschechen-Hias auf die Situation aufmerksam. Er nutzte seine riesige Bierwampe als Waffe und schob den 60 Kilo-Spargel nach draußen. Der Verletzte überlebte übrigens. Seine Beine mussten amputiert werden. Die Auswertung der Videoüberwachung ergab, dass er ebenfalls sturzbetrunken, ohne Fremdeinwirkung ins Gleis gefallen war.

Hundstage

Wir hatten vor der Spätschicht noch einen Vortrag, der von einem hochrangigen Polizisten aus dem Präsidium gehalten wurde. Es war nicht das erste Mal. Der Polizist hielt alle paar Monate fast denselben Vortrag. Tschechen-Hias und ich wetteten, welche Wörter er öfter verwenden würde. „Bürgernähe" oder „Transparenz". Ich gewann. Bürgernähe sagte er 13-mal, Transparenz 11-mal.

In der Spätschicht fuhr ich dann Streife mit Bogi. Bogi hatte damals weniger Haare im Gesicht als so manche Feministin, da er erst 21 Jahre alt war. Er kam aus einem kleinen Dorf in Oberbayern. Dort war er Mitglied der freiwilligen Feuerwehr, des Trachtenvereins, des Fingerhaklervereins und des Goaßlschnoizervereins. Bogi hatte eine ausgeprägte Hundephobie, weil er im Alter von 13 Jahren von einem Hund gebissen worden war. Dies geschah auf einer feucht-fröhlichen Familienfeier auf der Terrasse seiner Tante. Der Schäferhund des Nachbarn hatte sich dazugesellt, und als der kleine Bogi ihn streicheln wollte, sprang der Hund hoch und rammte ihm seine Zähne in die Schläfe. Der Schreck war groß und das Blut spritzte. Aber nicht dieses Ereignis löste Bogis Phobie aus, sondern das darauffolgende. Auf der Feier anwesend war nämlich auch Bogis Onkel, der aussah wie Claus Kleber, intellektuell aber knapp unter dessen Niveau lag.

Bogi schrie: „Auaaaaaaaaaa!"

Bogis Onkel hatte bereits sechs Bier und zwei Viertel Rotwein getrunken und schrie: „Mei, der ganze Bub ein Depp!"

Bogi schrie zurück: „Ich hab ihn doch nur gestreichelt!"

Bogis Mutter reagierte schnell und rief die Rettungsstelle. Doch Bogis Onkel schlug ihr das Telefon aus der Hand und sagte: „Ich fahr den Bub ins Krankenhaus. Ich bin es gewohnt, besoffen zu fahren, und fahr viel besser als diese Spargeljungs vom Rettungswagen."

Er packte den Jungen am Ohr und zerrte ihn in seinen schwarzen Opel Vectra, noch bevor seine Mutter und andere Verwandte einschreiten konnten. Er startete die Zündung und fuhr los. Um sich besser konzentrieren zu können, hatte sich Bogis Onkel ein bis an den Rand gefülltes Weinglas mitgenommen. Im Auto stank es nach Zigaretten, am Innenlicht hing ein Duftbäumchen. Bogi beschrieb mir die Fahrt ins Krankenhaus wie eine Blaulichtfahrt mit Sanchez: Eine Mischung aus Achterbahn und Geisterbahn. Es war stockdunkel und die kurvige Strecke ging durch den Wald. In den Kurven fuhr Bogis Onkel teilweise mit 110 km/h auf der falschen Straßenseite, ohne zu sehen, ob ihm ein Auto entgegenkam. Bogi fürchtete um sein Leben. Er erzählte mir, dass er damals zum heiligen Antonius gebetet hatte, weil das der einzige Schutzpatron war, den er kannte. Der heilige Antonius erhörte seine Gebete und auf der Fahrt passierte nichts. Bogis Verletzung wurde mit sechs Stichen genäht. Wenn Bogi einen Hund sah, musste er von da an immer an die Horrorfahrt ins Krankenhaus denken. Dann bildeten sich Schweißperlen auf seiner Stirn und seine Hände begannen zu zittern. Phobien sind nicht zu unterschätzen.

Brunhilde Baum war genau 80 Jahre alt und wohnte im sechsten Stock eines Altbaus. Als Kind hatte sie miterlebt, wie Amerikaner und Briten Teile Münchens in Schutt und Asche gelegt hatten. Brunhilde war bereits seit 23 Jahren verwitwet. Ihr Mann hatte an einer chronischen Wirtshaussucht gelitten und war an Magenkrebs gestorben. Kinder hatten sie keine. Brunhilde sah aus wie eine richtige Oma. Sie hatte klassische Omalocken und trug meist eine dieser Omaschürzen, die man mittlerweile leider kaum mehr sieht.

Die Einrichtung ihrer Wohnung war seit dem Jahr 1963 nicht mehr verändert worden. Sie hatte keinen Geschirrspüler in der Küche, dafür eine klassische Eckbank. An der Wand hingen verzierte Blechteller, auf denen die Frauenkirche abgebildet war, und ein kleines Regal, in dem sich mehrere Bierkrüge der Münchner Brauereien aneinanderreihten. Auf der Eckbank lag ein kleines, selbst gesticktes Kissen mit dem Kopf einer schwarzen Katze darauf. Brunhilde liebte Blumen und deshalb standen überall in der Wohnung Blumenvasen. Brunhilde war übrigens, wie ich später erfuhr, eine begnadete Köchin und backte die besten Kuchen in ihrem Viertel.

Früher hatte sie mit ihren Kochkünsten ihre Freundinnen verwöhnt, doch diese waren inzwischen verstorben. Seitdem war Brunhilde sehr einsam. Das änderte sich, als sie Karl-Heinz kennenlernte, der auch gleich bei ihr einzog. Brunhilde und Karl-Heinz mochten einander, obwohl Brunhilde oft tagelang kein Wort zu ihm sagte. Am Sonntag nahm sie Karl-Heinz manchmal mit ins Café Luitpold in der Briennerstraße.

Brunhilde bekam sehr wenig Post. Und deshalb fiel dem Hausmeister erst nach vier Monaten auf, dass ihr Briefkasten überquoll.

„Es sind 106 Meilen bis Chicago. Der Tank ist voll, wir haben ein halbes Päckchen Zigaretten, es ist dunkel und wir tragen Sonnenbrillen", sagte ich zu Bogi, als wir in den Streifenwagen einstiegen.

Bogi lachte irritiert. Es war ein Zitat aus dem Film „The Blues Brothers". Bogi hatte den Streifen noch nie gesehen. Er lachte dennoch, da er dachte, ich hätte einen Witz gemacht.

Bogi war erst vor zwei Monaten auf unser Revier gekommen. Man wusste immer sofort, ob er auf der Dienststelle war oder nicht, da er ständig mit seiner hellen, lauten Stimme über irgendeine Nichtigkeit lachen musste. Sein Dialekt war sympathisch. Ich mochte Bogi und fand auch die Geschichte mit seiner Hundephobie interessant.

Ich nahm den Fuß von der Bremse und der Streifenwagen rollte los. Immer, wenn ich das erste Mal mit einem Kollegen Streife fahre, steuere ich den Einsatzwagen. Und ich möchte an dieser Stelle betonen: Ich gehöre nicht zur Gruppe jener Männer, die mangelndes Stehvermögen dadurch kompensieren, indem sie ständig betonen, welch großartige Autofahrer sie sind. Ich bin nur schon zu oft mit Kollegen gefahren, die Gas und Bremse verwechseln.

Bei Bogi hatte ich eigentlich ein gutes Gefühl. Bogi kam vom Land. Die Kollegen vom Land sind bis auf wenige Ausnahmen gute Autofahrer. Trotzdem fuhr ich die Spätschicht an diesem viel zu heißen August-Tag. Das Thermometer im Autodisplay zeigte 39,5 Grad an. Die Straße schien vor unseren Augen zu schmelzen. Die Kurzarmhemden klebten an unseren Rücken.

Wir fuhren gerade über den Sendlinger-Tor-Platz, als es über den Fahrzeugfunk schallte: „Tote Person, Müllerstraße, wer ist klar?"

Bogi war als Beifahrer für den Funk zuständig. Euphorisch riss er den Funk aus der Verankerung und schaute mich mit großen Augen an.

Ich sagte: „Abwarten, vielleicht ist jemand anderes geil drauf."

Leichen gehörten zu jenen Einsätzen, die ich wirklich hasste. Sonst war ich bei der Auswahl der Einsätze recht emotionslos. Aber Tote waren einfach nicht mein Fall. Im Gegensatz zu mir, gab es Kollegen, für die diese seltenen Einsätze einem Sechser im Lotto gleichkamen. Dann wurden mit den Diensthandys Fotos gemacht und anschließend Fotoalben erstellt. Je zugerichteter, verwester, verstümmelter der Leichnam, desto faszinierender.

Leider war keiner dieser Kollegen heute im Dienst. Erneut funkte der Sprecher, diesmal schon mit lauterer Stimme: „Keiner klar für 'ne Tote in der Müller?"

Nachdem ich kurz im Kopf die anderen drei Streifen durchging, die aktuell von unserer Dienststelle unterwegs waren, war mir klar, dass es an uns hängenbleiben würde. Also sagte ich zu Bogi: „Nimm's an!"

Der Sprecher der Einsatzzentrale fügte noch hinzu: „Der Hausmeister hat angerufen. Er wundert sich, weil der Briefkasten einer Brunhilde Baum seit Monaten nicht ausgeleert wurde. Er denkt, da stimmt was nicht."

Bogi funkte: „Verstanden."

Der Einsatz war übernommen und ich fuhr extra langsam bis zur Müllerstraße 22, wo ich auf dem Gehweg parkte und erst einmal eine Zigarette rauchte.

Nach kurzem Suchen fand ich es. „Baum" stand auf einem fünf mal zwei Zentimeter großen, kupferfarbenen Klingelschild. Ich drückte auf die daneben eingelassene Klingel und hoffte inständig, dass eine betagte, jedoch lebendige Seniorin antworten würde. Es antwortete niemand. Nach kurzer Pause klingelte ich erneut. Dreimal nacheinander. Mit Nachdruck. Keine Antwort.

Plötzlich sprang die Tür auf. Eine Frau Mitte 30 fragte: „Oh, ist etwas passiert?"

Bogi sagte: „Nene, nur 'ne Meldung wegen 'ner toten Frau."

Die Frau sah Bogi schockiert an und ging schnell weiter.

Wir traten ein und Bogi ging zielstrebig die schwarze Marmortreppe hoch.

„Spinnst du?", sagte ich und drückte auf den Knopf des Aufzugs. Frau Baum wohnte im sechsten Stock. Als die Aufzugtüre mit einem wenig vertrauenswürdigen Ächzen aufging, zog ein Geruch in unsere Nasen, der für mich längst zur Gewohnheit geworden war. Es roch nach Tod. Bogi hatte noch nie eine Leiche gesehen und war aufgeregt.

Über der Eingangstüre zur Wohnung war eine kleine Scheibe aus Milchglas. Es sah aus wie ein kaputter Röhrenfernseher. Tausende Fliegen waren verschwommen zu sehen.

„Irgendetwas stimmt da nicht", hatte der Hausmeister gesagt.

Ich seufzte. Wie um alles in der Welt konnte jemandem nicht klar sein, dass in dieser Wohnung eine Leiche lag? Dachte der Hausmeister vielleicht, die Mieterin habe ein obskures Hobby und würde zum Spaß Tausende Schmeißfliegen in ihrer Wohnung züchten?

„Glaubst du, die lebt noch?", fragte Bogi.

Ich schüttelte den Kopf und wies ihn an, die Feuerwehr zur Wohnungsöffnung zu rufen.

20 Minuten später trafen die Jungs von der Feuerwehr ein. Mit schwerem Gerät liefen sie die Treppe bis in den sechsten Stock hoch. Komplett verschwitzt und gut gelaunt fragte mich der Hauptmann: „Gibts hier 'ne Leiche? Oder müssen wir mal wieder duschen?"

Ich musste schmunzeln. Bogi brach natürlich in schallendes Gelächter aus.

Mario, wie ihn seine Kameraden nannten, bohrte mit lautem Krach das Zylinderschloss der Türe auf. Mario hatte einen Brustumfang wie Arnold Schwarzenegger, jedoch nicht dessen Sixpack. Als er zähnefletschend die schwere Bohrmaschine gegen das Türschloss drückte, sah ich auf seinem rechten Oberarm ein Heiligenbild, das ich schon öfter gesehen hatte. Es war der heilige Florian, der Schutzpatron der Feuerwehr.

„Es ist angerichtet!", sagte Mario mit einem triumphierenden Lächeln im Gesicht, als sich die Haustüre mit einem Klack öffnete. Sein Mund war dabei weit geöffnet, sodass mich ein goldener Backenzahn anfunkelte.

Der Feuerwehrhauptmann wies seine Leute an, das vor der Tür befindliche Gerät zu entfernen und sagte dann grinsend: „Die Herren haben den Vortritt."

Mich schauderte es und ich hatte Mühe, mir nichts anmerken zu lassen.

„Angriff, Bogi!"

Bogi trat mit gezogener Pistole in die Wohnung, genau wie er es in der Ausbildung gelernt hatte. Kurz darauf rief er: „Ich habe sie gefunden!"

Es klang erfreut, so, als habe er einen Fünfzigeuroschein auf dem Gehweg entdeckt. Mitten im Gang sah ich einen schwarzen Haufen liegen. Er schien sich zu bewegen. Der Haufen war glitschig wie Eiweiß und wurde von Hunderten Maden bewohnt. Es war Brunhilde. Die Haut in ihrem Gesicht war pechschwarz und die Augen grün. Ich bildete mir sogar ein, sie würde mir kurz zuzwinkern. Sie lag seit zwei Monaten in ihrer Wohnung. Niemandem war etwas aufgefallen.

Selbst Bogi verstand, dass eine Herzdruckmassage hier nicht mehr angebracht war.

„Gesichert, ex", funkte ich diesmal die Zentrale an. Die Abkürzung „ex" kommt vom lateinischen Wort Exitus, das Tod bedeutet.

Mario, der Feuerwehrmann, machte noch ein paar Fotos mit seinem privaten Mobiltelefon und dann verabschiedeten sich die Jungs.

Wir schauten uns kurz in der Wohnung um. Uns fiel auf, dass sämtliche Blumenvasen umgestoßen waren.

Wir riefen die Kollegen vom Kriminaldauerdienst an, die für alles zuständig sind, was mit Leichen zu tun hat. Eine Kollegin rückte in Zivil aus.

Doch dann passierte in Brunhildes Wohnung etwas Ungewöhnliches. Unter dem Küchentisch raschelte es. Dann kroch langsam etwas hervor. Seinen Anblick werde ich nie vergessen. Er sah absolut furchteinflößend aus. Er wirkte so bedrohlich, dass Bogi und ich sofort unsere Dienstwaffen zogen. Er war nur noch Haut und Knochen, hatte spitze Ohren wie eine Fledermaus. Der Hunger hatte sich langsam durch seinen gesamten Organismus gearbeitet.

Es war Karl-Heinz.

Karl-Heinz war Brunhildes Hund, ein Belgischer Schäferhund, um genau zu sein. Seit zwei Monaten war er in der Wohnung eingesperrt und hatte es irgendwie geschafft, zu überleben. Alle Haare waren ihm ausgefallen. Ich brauchte ein paar Sekunden, um überhaupt erst zu erkennen, dass es ein Hund war. Karl-Heinz sah aus wie eine Mischung aus einem Werwolf und einem vom Teufel besessenen Schaf.

Bogi und ich standen mit unseren gezogenen Waffen da. Karl-Heinz knurrte laut. Er war darauf trainiert, sein Revier zu verteidigen. Bogi, dessen Hand schon zitterte, wenn ihn ein Golden Retriever anschnüffelte, behielt die Nerven. Davor habe ich bis heute hohen Respekt.

Unser Selbsterhaltungstrieb sagte uns aber, dass es angeraten sei, die Flucht zu ergreifen. Wir rannten aus der Wohnung in den Gang, vorbei am Lift und der Treppe. Wie eine angriffslustige Hyäne schnappte Karl-Heinz hinter uns her. Wir liefen weiter den Gang entlang. Doch dann: Sackgasse! Wir drehten uns um. Karl-Heinz stand etwa fünf Meter von uns entfernt und knurrte wie ein ausgehungerter Löwe. Er blockierte blöderweise den Zugang zum Aufzug und den Treppen. Die Waffen hielten wir immer noch auf den Hund gerichtet. Aus dem Augenwinkel sah ich, dass Bogis Hände zitterten. Er war schweißgebadet.

Karl-Heinz knurrte immer noch. Jetzt klang er wie eine Bohrmaschine.

Ich rief Bogi zu: „Funk die Einsatzzentrale an! Die sollen einen Hundeführer vorbeischicken, um das Biest einzufangen!"

Bogi versuchte es. Er funkte „E E E E E E E Einsatzzentrale, H H H H Hund."

Das war es leider. Seine Hände zitterten so sehr, dass er nicht einmal die Sprechtaste des Funks gedrückt hatte. Ich entriss Bogi den Funk und schrie: „Einsatzzentrale, Hundeführer, Müllerstraße eilig!"

„Verstanden."

Karl-Heinz stand währenddessen direkt neben dem Aufzug. Plötzlich öffnete sich die Tür. Ich dachte mir noch: „Krass, war der Hundeführer schnell." Doch es war nicht der Hundeführer, sondern die Kollegin des Kriminaldauerdienstes, die wir wegen der Leiche verständigt hatten. Die Kollegin war blond und Mitte 30. Sie schaute nach rechts und erschrak, als sie uns mit gezogener Waffe sah. Sie schaute nach links, erblickte

Karl-Heinz und begann zu schreien. In Panik sprang sie wieder zurück in den Aufzug und drückte auf den Knopf für das Erdgeschoß. Dann passierte etwas Unglaubliches. Karl-Heinz rannte auf die Kollegin zu. Es sah aus, als wolle er sie angreifen.

Wir konnten nicht auf ihn schießen. Zu groß war die Gefahr, die Kollegin zu treffen oder selbst durch Querschläger verletzt zu werden. Dann schloss sich langsam die Tür des Aufzugs. Die Kollegin wäre mit dem scheußlichen Biest auf engstem Raum allein gewesen. Sie sprang in letzter Sekunde nach draußen. Die Türe ging zu. Karl-Heinz fuhr im Aufzug ins Erdgeschoß. Ich dachte mir: „Oh, mein Gott, wenn der Köter jetzt unten jemanden angreift, komme ich als Streifenführer nicht gut aus der Sache raus."

Dann fielen mir die ganzen auf dem Boden liegenden Blumenvasen ein. Karl-Heinz hatte diese wohl umgestoßen, um an Wasser zu kommen. Da kam mir eine Idee. Ich drückte den Knopf, um den Aufzug wieder nach oben zu holen. Ich hämmerte gegen die Türe von Brunhildes Nachbarwohnung. Es öffnete eine etwa 70-jährige Frau mit schwarzen Locken und einer Zigarette im Mundwinkel. Aus der Wohnung kam eine starke Whiskywolke. Ich sagte: „Tut mir leid, Notfall, ich muss kurz in Ihre Küche."

Die Küche fand ich schnell. Die Wohnung hatte den gleichen Schnitt wie die von Brunhilde und auch die gleiche 60er Jahre Einrichtung. Aus einem Schrank in der Küche holte ich eine Schüssel hervor und füllte sie mit Wasser. Die Schüssel stellte ich vor den Aufzug und ging wieder auf Abstand. Die Aufzugtür öffnete sich. Karl-Heinz sah das Wasser und stürzte sich darauf.

Dann endlich traf auch der Hundeführer ein. Er war ein stämmiger Mann und kam über die Treppe. Er hatte eine lange Stange und einen Strick dabei. Während Karl-Heinz sich nur auf das Wasser in der Schüssel konzentrierte, fing der Hundeführer seinen Kopf ein. Der Hund wehrte sich in Todesangst zwar heftig, sein Körper war aber einfach zu geschwächt. Karl-Heinz wurde nach unten in einen Käfig gebracht. Bogi, die Kollegin und ich waren unglaublich erleichtert. Bogis Uniform war so verschwitzt, dass man sie auswinden hätte können. Der Hundeführer brachte Karl-Heinz ins Tierheim, wo er sich wieder erholte. Ich ging mit Bogi nach unten und rauchte eine Zigarette.

Bogi sagte: „Ich hab mir noch nie allein auf der Couch einfach so ein Bier reingestellt. Aber heute Abend ist es so weit!"

Ich antwortete nur lapidar: „Das ist der einzige sinnvolle Satz, den ich heut von dir gehört hab."

Eine Woche später traf ich beim Mittagessen in der Kantine des Präsidiums den Hundeführer wieder, der Karl-Heinz eingefangen hatte.

Ich sagte: „Danke nochmal, dass du uns letztens gerettet hast!"

„Kein Thema, dafür gibt es uns ja!", sagte er und winkte ab.

Ich fragte: „Wie konnte der Hund überhaupt so lange ohne Nahrung überleben?"

Der Hundeführer blickte sich kurz um: „Der hat die alte Frau angeknabbert. Übrigens haben die mir vom Kriminaldauerdienst einen Abdruck des Ermittlungsberichts geschickt."

„Und? Wie ist die Frau denn überhaupt gestorben?",
fragte ich.

Der Hundeführer schluckte kurz: „Das willst du nicht
wissen."

Paul

Es hatte geregnet. Der Wald, auf den er zuging, war
sehr schön. Es war ein Wald wie im Paradies. Alles war
saftig grün. Er betrat den Wald und wagte sich ein paar
Meter hinein. Dann bemerkte er sie. Er erschrak ein
wenig. Sie hatte lange blonde Haare und trug einen roten Anzug mit einem Umhang. In der Hand hielt sie
eine Fackel. Sie sah aus wie aus einer anderen Zeit. Sie
strahlte vor Glück und kam immer näher. Es wurde
ihm etwas unheimlich. Sie streckte ihre Hand nach
ihm aus, wirkte aber nicht bedrohlich. Sie strahlte ihn
so hoffnungsvoll an, als wäre er der Messias. Als sie mit
ihrer Hand über seine Wangen strich, hatte sie Tränen
in den Augen. Jetzt erst bemerkte er es. Er war so auf
die Frau fixiert gewesen, dass er nicht gesehen hatte,
dass ihn etwa 30 Frauen und Männer umzingelten. Alle
hatten diese seltsamen roten Mäntel an und hielten
eine Fackel in der Hand.

„Das muss wohl eine Art spirituelle Sitzung eines
Geheimbunds sein", dachte er sich. Doch urplötzlich
wurden ihre Gesichter ernster, beinahe mitleidsvoll.

Paul wuchs in einem kleinen Dorf in Bayern auf. Er
hatte als Grundschüler grottenschlechte Noten. Die
Lehrerin attestierte ihm im Zeugnis aber auch einige

positive Attribute. Im Zeugnis der 2. Klasse stand: „Paul verfügt über einen hohen Gerechtigkeitssinn." Oder an anderer Stelle: „Paul setzt sich in schwierigen Situationen für seine Mitschüler ein."

Die Lehrer schickten Paul auf die Hauptschule. Paul hatte einen Bruder. Die Eltern leiteten zusammen eine kleine Firma. Als er 13 Jahre alt war, merkte Paul, dass er anders war als die anderen Jugendlichen. Während die Jungs in seinem Alter Playstation oder Fußball spielten, interessierte sich Paul für Zitate von Platon oder Konfuzius. Paul schien nicht in diese Welt zu passen. Er wollte auch gar nicht sein wie die anderen. Immer wieder hörte er sich das Lied „Lose yourself" an und die Stelle, in der es heißt: „A normal life is boring."

Wenn Paul an seine Zukunft dachte, schauderte es ihn. Er hatte schreckliche Angst davor, 40 Jahre lang jeden Tag von 08:00 bis 17:00 Uhr das Gleiche zu tun. Paul wollte mehr vom Leben. Manchmal kam Paul sich minderwertig vor. Er stellte sich die Welt wie einen riesigen Ameisenhaufen vor. Es würde doch überhaupt nicht auffallen, wenn eine dieser Ameisen fehlte. Die meisten Jungs in seinem Alter soffen und kifften. Er hatte beides ausprobiert. Es sagte ihm nicht zu. Paul wollte gerne für eine gute oder zumindest bedeutungsvolle Tat berühmt werden. Er stellte sich vor, wie es sein müsse, wenn man als Spieler von Real Madrid im Champions League Finale das entscheidende Tor schießt und von 60.000 Menschen frenetisch bejubelt wird. Diese Vorstellung löste in Paul Gefühle aus, die sich junge Menschen in seinem Alter damals durch Alcopops holten.

Paul machte die Mittlere Reife. Eine weitere Ausbildung wollte er jedoch nicht machen. Mit 17 jobbte er im Supermarkt seines Onkels auf 450-Euro-Basis. Das Leben seiner Eltern fand er befremdlich. Es wirkte auf ihn wie eine schlechte Kopie einer Sitcom aus den 90er Jahren, in der alles schön und toll war, das Geistige aber zu kurz kam. Jeden Morgen frühstückten seine Eltern zusammen. Der Vater trug einen Anzug. Es war wie in der Truman Show. Erst wurde thematisiert, wie gut oder schlecht das Wetter ist. Dann kam der Dorfpostbote und reichte durch das Küchenfenster die Tageszeitung. Sie frühstückten weiter und die Mutter machte irgendeinen Witz. Der Vater lachte daraufhin krampfhaft. So ging es, seit Paul denken konnte.

Die Leere in Paul wurde immer größer. Die Welt war für ihn wie ein großer, im Universum hängender Teller. Er selbst stand am äußersten Rand und drohte herunterzufallen. Nichts löste Euphorie in ihm aus. Paul wollte heraus aus der Bedeutungslosigkeit. Mit 21 zog er nach München in eine WG. Seine Mitbewohner Martin und Franz hatte er auf einem Festival kennengelernt. Es waren zwei bleiche Knaben.

Paul jobbte am Ostbahnhof in einem Kiosk. Die Miete zahlten seine Eltern. Im Gegenzug wollten sie, dass Paul so selten wie möglich nach Hause kam. Zumindest hatte er das Gefühl. Es war eine alternative WG. An der Wand hingen PACE-Fahnen. An einem Freitagabend fuhr Paul mit der U-Bahn nach Hause. Er wusste nicht, dass dieser Abend sein Leben und das seiner Familie für immer verändern sollte. Er wusste nicht, dass er es endlich schaffen würde, aus der Bedeutungslosigkeit auszubrechen. Zumindest aus seiner Sicht. Paul saß mit seinen Mitbewohnern zusammen in der WG-Küche auf einer Eckbank. Martin und Franz hatten ein paar

Bier getrunken und Joints geraucht. Paul hatte sich mit einer Weinschorle dazugesellt.

Martin sagte: „So Jungs, das pfeifen wir uns jetzt rein. Es ist schließlich Freitag."

Er holte eine kleine Box hervor. Darin befand sich eine zerhackte bräunliche Substanz. Es waren Pilze. Natürlich keine Pfifferlinge, sondern Zauberpilze, auch „magic mushrooms" genannt. Paul zögerte. Er hatte allerlei Dinge über Horrortrips gehört. Schließlich jedoch siegte die Neugierde und er aß eine ordentliche Portion davon.

Martin sagte noch: „Spinnst du? Nicht so viel auf einmal!"

Dann passierte zehn Minuten nichts. Paul sagte: „Ihr vergeudet meine Zeit, ich geh was tri ..."

Noch bevor er ausreden konnte, schoss er nach oben und durchbrach die Decke der WG-Küche. Ihn überkam ein unglaubliches Gefühl von Glück und Euphorie. Es fühlte sich so real an. Nicht wie ein Traum. Paul war außerhalb seines Körpers und flog weiter in Richtung Himmel. Er sah die Welt aus der Sicht eines Astronauten. Dopamin schoss durch seine Adern. Dann zog ihn eine unsichtbare Kraft nach unten auf die Erde und er stand plötzlich im Wald mit den Menschen mit den roten Umhängen, die ihn als Messias feierten. Er erlebte noch viele unglaubliche Sachen. Sein Trip dauerte etwa 14 Stunden. Als er wieder zu sich kam, lag er in seinem Zimmer auf dem Boden. Er ging zu Martins Zimmer und klopfte. „Ja", stammelte dieser.

Paul trat ein und sagte: „Woher hast du das Zeug von gestern?"

„Von so 'nem Typen am Hauptbahnhof."

„Gib mir sofort seine Nummer!"

So wurde Paul drogenabhängig. Seinen Job kündigte er drei Wochen später. In der Realität war er ein Niemand. Wenn er Pilze aß, wurde er von Menschen in roten Anzügen als Messias gefeiert. Mit der Zeit wurde der Konsum immer extremer. Ein Jahr später war er bereits auf Heroin. Seine Sucht war wie ein bösartiger Tumor, der schon immer irgendwo in den hintersten Winkeln seiner Synapsen gelauert hatte. Es brauchte nur dieses eine Ereignis, um nach außen zu treten.

Ich lernte Paul bei einer Personenkontrolle im Jahr 2013 kennen. Man merkte schnell, dass er kein gewöhnlicher Junkie war. Er war viel intelligenter. Tagsüber hing Paul meist am Hauptbahnhof herum. Die Katakomben unter dem Hauptbahnhof sind ein absoluter Hot Spot für Junkies. Es handelt sich dabei um ein verzweigtes Tunnelsystem. Es ist dunkel und unglaublich stickig, es riecht nach Kot, Urin und Erbrochenem. Auf dem Boden liegen benutzte Kondome und Heroinspritzen. Suchtabhängige kriechen wie Zombies durch die schmalen Gänge. Einmal fanden wir dort ein Junkie-Paar, das während des Geschlechtsakts einfach nackt und aufeinander liegend eingeschlafen war. Die Frau hatte rötliche Hautausschläge, die auf eine Syphilis-Infektion hindeuteten.

Ein andermal fanden wir bei einem Mann bei einer Kontrolle einen toten Leguan im Rucksack. Als ich einen weiteren obdachlosen Junkie durchsuchte, musste ich feststellen, dass sich in seinem Intimbereich bereits ein Clan von Kellerasseln festgesetzt hatte. Allzu oft setzen sich die Junkies in den Katakomben unter dem Hauptbahnhof den goldenen Schuss. Wenn ihre Leichen gefunden werden, sind diese oft bereits von Ratten angefressen.

Paul sah nicht gut aus. Sein Gesicht war vom Drogenkonsum regelrecht zerrissen. Er erinnerte mich an die diabolische Fratze aus dem Film „Der Exorzist" von 1973, in dem ein Mädchen vom Teufel besessen ist. Dennoch freute ich mich immer, ihn zu sehen. Ich unterhielt mich oft mit ihm, wenn ich auf Fußstreife im Gebiet des Hauptbahnhofs unterwegs war und wir die Junkies in den Parks kontrollierten. Wir redeten über alle möglichen Themen. Meist Politik oder Philosophie. Oft sprachen wir lange miteinander, wenn keine anderen Einsätze offen waren. Mit Paul konnte man sich tiefgründiger unterhalten als mit den meisten meiner Freunde, Bekannten und Kollegen. Nietzsches Zarathustra hatte Paul nach eigenen Angaben mit 19 an einem Tag durchgelesen. Das glaubte ich ihm aufs Wort.

Eines schönen Tages schüttelten wir in einem Park in der Nähe des Hauptbahnhofs ein paar Giftler. Den Auftrag der Dienststellenleitung, Giftler zu schütteln, begann ich irgendwann zu hassen. Wo ist der Sinn, Schwerstabhängige strafrechtlich zu verfolgen? Wo ist generell der Sinn, den reinen Endkonsumenten strafrechtlich zu verfolgen?

Paul war bei der Kontrolle auch dabei. Seine Taschen schauten wir nicht durch. Die anderen Junkies zogen weiter. Paul und ich diskutierten darüber, ob Menschen Tiere töten und essen dürften, nur, weil sie intelligenter sind.

„Ich finde schon", sagte ich zu Paul.

Paul antwortete: „Stell dir mal vor es kommen Aliens auf die Erde. Sie alle haben einen IQ von 1.000. Fändest du okay, von einem Alien verspeist zu werden, nur weil du einen niedrigeren IQ hast?"

Ich fand das Beispiel gut. Paul konnte komplizierte Sachverhalte so erklären, dass auch ein mittelbegabter Streifenbeamter ohne Abitur sie verstehen konnte. Seine Antwort brachte mich zum Grübeln. Ein Schnitzel aß ich am Abend dennoch.

Wir unterhielten uns anschließend noch etwa eineinhalb Stunden über den Sinn des Lebens, während mein Kollege ein paar Meter weiter im Streifenwagen „Clash of Clans" auf seinem Handy spielte. Wir redeten über das Geborenwerden. Über das Sterben. Darüber, ob es das Schicksal gibt. Ob es Zufälle gibt. Warum es Menschen mit Depressionen gibt. Ob im Todesfall Energien aus unseren Körpern entschwinden und dann in irgendwelchen metaphysischen Ebenen weiter existieren, oder ob alles vergänglich ist.

Paul konnte die Welt und die Dinge unglaublich gut erklären. Es war das tiefgründigste Gespräch meines Lebens und ich führte es tatsächlich mit einem obdachlosen Heroinjunkie.

Ich fragte Paul schließlich: „Glaubst du an Gott?"

Er zögerte lange. Dann sagte er: „Wenn wir geboren werden, sind zunächst einmal unsere Eltern unsere Vorstellung von Gott. Sie sind wie höhere Wesen, die auf uns aufpassen. Doch was, wenn Gott nicht da ist? Ich zum Beispiel wurde von Au-pair-Mädchen aufgezogen, die mich nicht leiden konnten. Meine Eltern waren jeden Tag von 08:00 bis 20:00 Uhr in der Firma. Wenn sie dann nach Hause kamen, tranken beide eine Flasche

Wein und wollten nichts von mir wissen. Was sagte mir das als Kind über Gott?"

Er fügte nach ein paar Sekunden leise hinzu: „Mich hat er nie gemocht."

Dann fragte er mich mit einem sehnsüchtigen Blick auf meine Dienstwaffe: „Ist Suizid eigentlich strafbar?"

„Mensch Paul", antwortete ich, „wenn du einen Entzug machen und vielleicht ein Buch zum Thema Philosophie schreiben würdest, könntest du zumindest ein paar Tausend Leser erreichen. Dann hätte all das hier ein Ende."

Paul sagte: „Ach, das ändert doch insgesamt nichts." Dabei betonte der das Wort „insgesamt".

„Warum?", fragte ich ihn.

Paul setzte an, etwas zu sagen, zuckte dann nur mit den Schultern und murmelte: „Ach, ... nichts."

Als ich am Abend zu Hause in meiner Wohnung mein Schnitzel aß, dachte ich über Pauls Antwort nach: „Es ändert insgesamt nichts."

Ich hatte mich über all die Jahre gefragt, warum sich jemand wie Paul riesige Mengen an Heroin spritzte. Plötzlich wusste ich es. Seit Jahren hatte ich mich oft und lange mit ihm unterhalten und ich war doch nie draufgekommen. Paul wollte aufbegehren.

An dieser Stelle eine kurze Warnung: Wenn Sie das Wort „aufbegehren" nicht mögen, sollten Sie den Rest des Kapitels überspringen. Denn Paul wollte aufbegehren. Er wollte mit seinem exzessivsten Konsum aufbegehren.

Er wollte aufbegehren gegen seine Eltern, die ihre Abende vor dem Fernseher verbrachten und deren einziger Lebensinhalt es war, von Zeit zu Zeit die Einrichtung ihres Wohnzimmers zu ändern. Paul wollte aufbegehren gegen seine ehemaligen Freunde, die sich inzwischen ausschließlich über beruflichen Erfolg definierten. Bei denen man nur etwas galt, wenn man einen Audi Q7 fuhr oder eine teure Armbanduhr trug. Paul wollte aufbegehren gegen die ländliche Idylle, in der er aufgewachsen war. Eine Idylle, in der nette Hausfrauen die Fensterläden öffneten, ihre Blumen gossen und den Nachbarn grüßten. Die aber eine Idylle war, die das Elend in den Hartz-IV-Vierteln deutscher Städte komplett ausblendete.

Paul wollte aufbegehren gegen seine ehemaligen Lehrer, die ihn auf die Hauptschule schickten, weil sie nicht merkten, dass er unterfordert war. Paul wollte aufbegehren gegen eine Welt, in der feine Herren im Anzug wie Statisten in irgendwelchen Bürokomplexen saßen, Kaffee schlürften und ihren Sekretärinnen auf ihre fetten Ärsche glotzten. Die sich dann in Telefonkonferenzen wichtig vorkamen, wenn sie irgendetwas aushandelten, während in Syrien an einem Tag 300 Kinder starben, weil ihr eigener Präsident ein Krankenhaus bombardieren ließ.

Paul wollte aufbegehren gegen eine Welt, in der sich 10.000 Idioten zu hysterischem Geplärr, das man Schlager nennt, auf Mallorca kollektiv betranken, während in der Dritten Welt Menschen verhungerten.

Paul wollte aufbegehren gegen eine Welt, in der fünf Männer eine Frau in einem Bus vergewaltigten und sie dann einfach töteten, als sei sie eine lästige Fliege.

Paul wollte aufbegehren gegen die amerikanischen Schickimicki-Sitcoms, die den Zusehern täglich eine heile Welt vorgaukelten, während auf den Straßen längst ein brutaler Krieg tobte.

Paul wollte aufbegehren gegen Menschen, die Flugzeuge in Hochhäuser steuerten, um ins Paradies zu kommen. Paul wollte aufbegehren gegen einen selbsternannten Staat, der Gefangene bei lebendigem Leib verbrannte und ein Video davon ins Netz stellte.

Er wollte aufbegehren gegen eine Vergangenheit, in der Millionen Menschen einem Dämon gefolgt waren.

Paul wollte aufbegehren gegen jene schrecklichen Menschen, die in Kirchen das Wort Nächstenliebe für sich interpretierten und sich an Kindern vergingen.

Paul wollte aufbegehren gegen hysterische, bis zur Unkenntlichkeit geschminkte Instagram-Amseln, die mit ihrem Gesäusel über Silikon Brüste mehr Menschen erreichten, als es mit wichtigen Themen je möglich wäre.

Paul wollte aufbegehren gegen den deutschen Staat, wo Hunderttausende Stunden Arbeitszeit darauf verwendet wurden, um die Mobiltelefone von angeblichen Drogenkonsumenten durch Berufsvoyeure auswerten zu lassen.

Paul wollte aufbegehren. Er wollte aufbegehren gegen eine Welt, in der jemand wie er nichts galt. Er wollte aufbegehren gegen eine Welt, in der Gerechtigkeit und Wohlstand nicht schlechter hätten verteilt sein können.

Er wusste, dass er allein zu schwach und 99 Prozent seiner Mitmenschen einfach zu dumm waren, um die Welt zu ändern. Und genau das kompensierte er mit dem manischen Konsum von Drogen aller Art.

Ich kannte Paul drei Jahre. Er starb an einer Überdosis. Sie fanden ihn im Bett eines Obdachlosenheims mit einer Spritze im Arm. Paul wurde 28 Jahre alt. Mit seinem Bruder habe ich noch einmal telefoniert. Er erzählte mir, dass auf Pauls Beerdigung nur er selbst, der Vater, der Hund des Vaters und ein alter Jugendfreund anwesend waren.

Die Mutter hatte es nervlich nicht geschafft, an der Zeremonie teilzunehmen. Am Ende des Gesprächs sagte Pauls Bruder: „Es ist einfach nur traurig, was mit ihm passiert ist. Ich glaube nicht, dass es eine klassische Überdosis war. Ich glaube, er hat Selbstmord begangen. Das Problem ist, er hat dadurch nicht nur sich, sondern seine ganze Familie getötet."

HIV

Schwamminger war 56 Jahre alt, ledig und arbeitete als Hausmeister in einer Grundschule. Er hatte 183 Einträge im Strafregister und war schon seit sehr langer Zeit heroinabhängig. Das Heroin spritzte er sich immer am Abend, um sich zu entspannen. Es war seine Version des Feierabendbiers.

Als sich Ende der 1990er Jahre das BSE-Virus verbreitete, wurde auch Schwamminger positiv getestet. Allerdings nicht auf BSE, sondern auf HIV und Hepatitis B und C. Die Krankheiten hatte er sich geholt, weil er damals Teil der Drogenszene am Hauptbahnhof war. Den Absprung aus der Szene schaffte er. Von der Droge selbst kam er nie weg.

In einer angenehm warmen Novembernacht spazierte Schwamminger in ein Krankenhaus. Er kollabierte noch bevor er die Notaufnahme erreichte. Dies lag vermutlich am Mischkonsum: Er hatte zu seiner täglichen Heroindosis sechs Bier getrunken.

Weil Schwamminger einfach nicht wach zu kriegen war, rief der Pförtner die Polizei. Eine Kollegin und ich trafen ein. Wir brauchten zehn Minuten, um ihn wachzurütteln. Schwamminger hatte blutige Wunden am Zahnfleisch und an den Händen. Wir halfen ihm auf.

„Danke, du bist ein Schatz", sagte er zu meiner Kollegin. Schwamminger war stets höflich. Er wollte unbedingt in die Notaufnahme, weil er Kopfschmerzen hatte. Wir führten ihn dorthin. Die Ärzte checkten ihn durch, doch sie fanden nichts.

Warum Schwamminger plötzlich ausrastete, konnte sich später niemand erklären. Er sprang von seinem Stuhl und schrie mich an: „Tu deine Micky Mouse weg und wir machen eins gegen eins."

Als er „Micky Mouse" sagte, zeigte er auf meine Dienstwaffe. Dabei spannte er seine Muskeln an.

Ich ging ein paar Meter zurück und zog meinen Pfefferspray: „Wenn du einen Schritt näher kommst, sprüh ich dir den Pfeffer in die Visage!"

Schwamminger nahm seine Hände bedrohlich nach oben, als ob er gleich zuschlagen würde. Ich fühlte mich sehr angespannt. Eine Auseinandersetzung mit ihm wollte ich um jeden Preis vermeiden. Er hatte schließlich noch Blut am Mund und an den Händen. Von seinen Krankheiten wusste ich. Ich wollte Schwamminger Handschellen anlegen. Doch was, wenn er mich in den Arm biss?

Schwamminger fletschte die Zähne und schrie: „Wenn du mich anfasst, dann rotz ich dir das in die Fresse." Er zeigte mir das Blut in seinem Mund und spuckte es vor meine Füße.

Gott sei Dank schaffte es meine Kollegin, den aufgebrachten Schwamminger etwas zu beruhigen. Schließlich folgte er uns sogar bis nach draußen vor das Krankenhaus.

Dort brannten wiederum mir die Sicherungen durch. Ich schnallte meinen Einsatzgürtel ab, in dem sich auch die Schusswaffe und der Pfefferspray befanden und legte ihn auf den Boden. Anschließend nahm ich eine Kampfstellung ein und schrie Schwamminger an: „So, du Bierhausschwätzer, meine Micky Mouse hab ich abgelegt, jetzt machen wir eins gegen eins! Zeig mal, was du draufhast!"

Schwamminger ließ sich das nicht zweimal sagen und nahm ebenfalls Kampfstellung ein. „Ich prügle dich zu Brei, du uniformierter Wurm!", brüllte er mich an.

Gott sei Dank war da noch meine Kollegin. Sie stellte sich zwischen uns. Sie hatte nie irgendwelche speziellen Kurse besucht, verfügte aber intuitiv über hohes psychologisches Geschick. Sie überzeugte Schwamminger, dass es das Beste sei, einfach nach Hause zu gehen. Mich wiederum überzeugte sie, dass mein Verhalten „Blödsinn" sei, wie sie damals sagte.

Wir setzten uns in den Streifenwagen, nachdem Schwamminger endlich gegangen war. Ich war ziemlich aufgebracht. Ich kannte viele Kollegen, die bei Durchsuchungen von Junkies in Nadeln mit Blutanhaftungen fassten, denn die Einsatzhandschuhe können gegen Nadeln rein gar nichts ausrichten. Diese Kollegen lebten dann Monate lange im Ungewissen, ob sie sich mit einer tödlichen Krankheit angesteckt hatten. Ein Labortest kann HIV erst nach sechs Wochen sicher ausschließen. Ein Schnelltest sogar erst nach zwölf Wochen. Eine Hepatitis B- Übertragung kann erst nach 180 Tagen ausgeschlossen werden. Stellen Sie sich vor, Sie fassen in eine Nadel mit frischen Blutanhaftungen von jemandem, der HIV-positiv ist und müssen sechs Wochen auf das Ergebnis warten. Verstehen Sie jetzt, dass es manchmal schlecht gelaunte Polizisten gibt?

Schwammingers Verhalten regte mich unglaublich auf. Immerhin hatte er mir HIV-Blut vor die Füße gerotzt und gedroht, es mir ins Gesicht zu spucken. Entsetzt und völlig verständnislos sagte ich zu meiner Kollegin: „Wie kann man nur so sein? Ich wünsche ihm, dass er elendig verreckt!"

Wir zeigten Schwamminger übrigens wegen Widerstands gegen Vollstreckungsbeamte an, obschon er uns nicht mal berührt hatte. Denn auch das „Drohen mit Gewalt" erfüllt diesen Tatbestand. Zu einer Verhandlung kam es allerdings nie.

Am nächsten Tag hatte ich wieder Nachtschicht mit der gleichen Kollegin. Ich wartete im Sozialraum auf sie, weil wir vor den Nachtschichten immer noch einen Kaffee tranken. Sie kam ins Zimmer und sagte: „Hey, hast du es schon gelesen?"

„Nein, was denn?", erwiderte ich.

„Dieser Schwamminger von gestern, der sich so auf dich eingeschossen hat, ist tot. Überdosis."

Meine Trauer hielt sich in Grenzen. Doch dann fiel es mir erst wieder ein. Ich hatte in meiner Wut gesagt: „Ich hoffe, er verreckt elendig."

Ich suchte im Computer nach Schwammingers Akte. Er war seit seinem 21. Lebensjahr heroinabhängig. Als er starb, war er 56. Er spritzte also seit 35 Jahren Heroin und starb, kurz nachdem ich ihm den Tod gewünscht hatte. Ich bekam Gänsehaut. Ich musste an die Worte von Barbarossa denken: „Zufälle sind niemals Zufälle."

Nie zuvor hatte ich einem Menschen den Tod gewünscht. Ich tat es genau einmal, und Schwamminger starb zweieinhalb Stunden später. Ich probierte das noch bei anderen Leuten aus, die ich nicht mochte. Doch es funktionierte nicht. Nein, ich hoffe Sie verzeihen mir diesen zynischen Scherz. Ich habe nie wieder einem Menschen den Tod gewünscht.

Wenige Tage nach Schwammingers Ableben verfrachteten wir erneut einen randalierenden Heroinjunkie in die Haftzelle der Dienststelle. Da er sich heftig wehrte, zog ich mir dabei eine blutige Verletzung am Unterarm zu. Dummerweise hatte der Junkie blutige Verletzungen an beiden Händen. Mein Unterarm war bei der Rangelei mit seinen Händen in Berührung gekommen. Es war also nicht unwahrscheinlich, dass sein Blut in meinen Körper gelangt war. Bei der Abfrage seiner Daten erfuhr ich, dass er HIV-positiv war. Als ich das las, bekam ich heftiges Herzrasen. Die Nachricht traf mich wie ein Keulenschlag. Nach Dienst machte ich den Fehler, im Internet zu recherchieren und las etwas von 40 Millionen Aids-Toten weltweit und dass die Krankheit nicht heilbar ist.

Ich schlief zwei Nächte lang nicht und hatte danach selbst rote Augen wie ein Junkie. Wenn man zwei Nächte hintereinander keinen Schlaf bekommt und Angst vor einer potenziell tödlichen Infektion hat, fühlt man sich körperlich, als wäre man von einem Bierfass erschlagen worden. Psychisch blickt man in einen Abgrund, muss nach außen hin jedoch funktionieren.

Wie viele meiner Kollegen lebte ich mehrere Wochen lang in der Ungewissheit, ob ich mich mit HIV infiziert hatte oder nicht. In dieser Zeit musste ich allzu oft an die vor Glück explodierenden Polizistinnen und Polizisten auf den Hochglanzbroschüren denken, die damals in meiner Schule verteilt wurden. Die Realität ist aber den Verstand vernebelnde Schlaflosigkeit, endlose Überstunden und sinnfreie Polizei-Trainings in den Freischichten, sodass weder Körper noch Geist zur Ruhe kommen.

Als mich endlich mein Hausarzt anrief und mir mitteilte, dass der Test negativ ausgefallen war, fiel mir ein Stein vom Herzen. Es sollte jedoch nicht das letzte Mal sein, dass ich im Zuge meiner Arbeit in Kontakt mit gefährlichen Krankheiten kam.

Schon wenige Tage später nahmen wir einen polnischen Ladendieb fest und brachten ihn im Einsatzwagen auf die Dienststelle. Ich saß links hinten neben ihm auf der Rückbank. Er hatte starken Husten. Die Fahrt dauerte etwa zehn Minuten. Auf der Dienststelle überreichte uns der Ladendieb in aller Ruhe ein Schreiben. Es war ein Arztbrief. Diesem war zu entnehmen, dass der Mann aktuell an einer offenen Tuberkulose litt. Die Dienststelle wurde von Spezialisten desinfiziert. Angesteckt habe ich mich auch damals nicht.

Wiederum kurze Zeit später hatte ich Spätschicht, die um 12:00 Uhr begann. Ich war bis 06:00 Uhr früh wachgelegen, weil ich in dieser Zeit so viele Nacht-

schichten fuhr, dass ich oft erst um diese Uhrzeit einschlafen konnte.

An diesem Tag raubte im Münchner Westend ein junger
Pole einer älteren Serbin die Handtasche. Wir nahmen
den Mann fest und brachten ihn auf die Dienststelle.
Wir setzten ihn hin und fesselten ihn dummerweise nur
mit einer Hand an die Bank. Er war erst einen Tag zuvor
aus der Haft entlassen worden. Im Knast hatte er sich
mit einem zu einer Tätowier-Maschine umgebauten
Kassettenrekorder ein Tattoo stechen lassen und sich
dabei mit HIV infiziert. Während der Vernehmung
durch uns öffnete er plötzlich eine alte Wunde und begann, „Curva" schreiend, mit seinem Blut gezielt nach
uns zu spritzen. Wir räumten den Raum und holten ein
Schutzschild der Bereitschaftspolizei. Zu dritt, dicht
hinter dem Schild gedrängt, preschten wir in Game
of Thrones-Manier auf den Mann zu, drückten ihn zu
Boden und fesselten Arme und Beine. Anschließend
setzten wir ihm eine Spuckmaske auf. Wir waren dabei alles andere als zimperlich, das können Sie mir
glauben. Als wir ihn in den Haftraum tragen wollten,
schlug ein Kollege den Kopf des Mannes versehentlich
gegen die Wand des Türrahmens. Das behauptete er
jedenfalls. Noch heute höre ich das Geräusch, wie der
Schädel gegen die Mauer knallt. Es hörte sich wie ein
dumpfes Donnergrollen an.

Alter Botanischer Garten

Der Alte Botanische Garten ist eine mehrere Hektar
große Parkanlage, die nordöstlich an das Münchner

Hauptbahnhofsviertel grenzt. Dort befinden sich unter anderem der Kunstpavillon, ein tempelartiges Gebäude aus den 1930er Jahren, und der Neptunbrunnen mit seiner imposanten Statue des römischen Wassergottes.

Als der Alte Botanische Garten im Jahr 1812 eingeweiht wurde, ahnte noch niemand, welche Dramen sich dort im 21. Jahrhundert abspielen würden. Abgelehnte Asylbewerber, die in der Heimat nichts als Elend erwartet, ertränken ihre Sorgen in Billigwodka. Der Handel mit Drogen floriert. Zu den alteingesessenen, deutschen Obdachlosen haben sich Landstreicher aus Rumänien, Bulgarien, Ungarn und Polen gesellt. Schlägereien sind im Alten Botanischen Garten an der Tagesordnung. Gelegentlich kommt es auch zur einen oder anderen Messerstecherei. Vor nicht allzu langer Zeit wurde ein Jugendlicher am helllichten Tag von einem Dealer erstochen. Einmal fanden wir bei einem Obdachlosen in der Jackentasche eine geladene Schusswaffe, für die er natürlich keine Erlaubnis hatte. Besonders nachts ist der Alte Botanische Garten ein sehr gefährlicher Ort. Auch für uns Polizisten.

Eines Abends fuhr ich in der Spätschicht Streife mit meinem Kollegen König Barbarossa. Es herrschte brütende Sommerhitze, im Bahnhofsviertel lag Aggression in der Luft. König Barbarossa reservierte gerade auf seinem Handy zwei Kinokarten für sich und eine seiner zahlreichen Frauenbekanntschaften, als die Einsatzzentrale einen Funkspruch an alle Streifen der Münchner Innenstadt absetzte. Der Funkspruch kam verzerrt in unserem Einsatzwagen an, sodass man lediglich zwei Wörter verstehen konnte: „Alter Botanischer Garten" und „Suizidandrohung". Ich fühlte ein leichtes Unbehagen in mir aufsteigen. König Barbarossa seufzte. Dennoch meldeten wir uns zusammen mit einer weiteren Streife für den Einsatz.

Am Alten Botanischen Garten angekommen, empfing uns bereits eine größere Gruppe aufgebrachter Passanten. Wir bahnten uns den Weg durch die Menge und konnten schließlich erkennen, was der Grund für die Aufregung war: Mitten im Park hielt sich ein Obdachloser eine große Glasscherbe an die Halsschlagader. Dabei brüllte er hysterisch in einer fremden Sprache. Der Mann war drahtig, mindestens zwei Meter groß und trug zerschlissene Kleidung. Seine Haut war von Kopf bis Fuß übersät mit Narben von alten Schnittwunden. An verschiedenen Körperstellen quoll Blut hervor, weil er sich mit der Glasscherbe bereits einige tiefe Wunden zugefügt hatte.

Mein Streifenpartner und ich gingen langsam und vorsichtig auf den Mann zu. Mit Gesten deutete er uns an, dass er sich den Hals aufschneiden würde, wenn wir noch einen Schritt näher kämen. Daher blieben wir etwa fünf Meter von ihm entfernt stehen. Er fuchtelte mit der rasiermesserscharfen Glasscherbe in der Luft herum und schwang sie immer wieder in unsere Richtung. Es war nicht auszuschließen, dass er auf uns losgehen würde. Daher hielten wir beide in einer Hand die Schusswaffe und in der anderen Hand den Schlagstock.

Wir versuchten, den Mann zu beruhigen, doch er reagierte nicht. Er verstand offensichtlich kein Deutsch. Mit Hilfe von Handzeichen konnten wir ihn schließlich dazu bewegen, den Arm mit der Glasscherbe von sich weg zu strecken. Diesen Moment nutzte König Barbarossa. Er machte ein paar schnelle Schritte und schlug dem Unglücklichen mit dem Schlagstock auf das Handgelenk, sodass die Glasscherbe zu Boden fiel. Der Obdachlose schrie und fluchte. Hektisch suchte er nach der Glasscherbe. König Barbarossa und ich stürzten uns auf ihn.

Es entbrannte ein wildes Gerangel, das mehrere Minuten dauerte. Zuerst kämpften wir noch im Stehen, doch schon bald riss der Hüne uns zu Boden. Heikel war, dass wir nicht wussten, ob er die Glasscherbe gefunden hatte. Kaum hatten König Barbarossa und ich den Riesen fixiert, entwand er sich auch schon wieder wie ein Aal aus den Haltegriffen. Barbarossa und ich brachten zusammen etwa 170 kg auf die Waage. Dennoch gelang es dem Randalierer, sich in einer liegestützähnlichen Bewegung aufzurichten und uns abzuschütteln.

Verzweifelt klammerten wir uns an die Beine des Mannes. Dieser stürzte wie ein gefällter Baum zu Boden. Dass sich der Obdachlose in einer psychischen Ausnahmesituation befand und Unmengen von Adrenalin durch seine Adern flossen, bekamen wir sehr unmittelbar zu spüren. Der Mann kämpfte wie ein Löwe, der von zwei wesentlich kleineren Raubkatzen angegriffen wird. Er schlug und trat um sich, brüllte und tobte.

In dem bizarren Durcheinander hatte ich irgendwann die nach Schnaps und Tabak schmeckenden Barthaare des Obdachlosen im Mund. In meinem Ohr spürte ich seine krallenähnlichen Fingernägel. Wenig später prallte die Ferse des Mannes gegen meinen Hinterkopf und mein Hals befand sich in seiner Kniekehle. Ich fühlte Panik in mir aufsteigen. Mein Puls raste. In dem wilden Gemenge trat mir Barbarossa mit seinen Einsatzstiefeln auf die Finger und schlug mir aus Versehen mit dem Ellbogen die Lippe blutig. Eine Taschenlampe, ein Autoschlüssel und ein Pistolenmagazin flogen in hohem Bogen durch die Luft.

In der Zwischenzeit waren zwei weitere Streifen im Alten Botanischen Garten eingetroffen. Die Kollegen konnten uns jedoch nicht helfen. Sie hatten alle Hände voll zu tun, eine Horde von etwa 50 schreienden und filmenden Leuten aus der Drogenszene mit Schlagstöcken und Pfefferspray davon abzuhalten, ins Geschehen einzugreifen. Nun wurden auch erste Bierflaschen in unsere Richtung geworfen, die uns teilweise nur knapp verfehlten.

Einer der Kollegen verlor irgendwann die Nerven, weil die johlende Horde immer näherkam. Er beschloss, dem Kampf ein Ende zu setzen, und sprühte dem rasenden Hünen Pfefferspray ins Gesicht. Weil der Mann aber nicht stillhielt, bekamen auch Barbarossa und ich eine ordentliche Portion Reizgas in Mund und Nase. Ich bekam kaum mehr Luft und konnte nur noch verschwommen sehen. Dann wurde mir schwarz vor Augen und ich vernahm nur noch wie von ferne laute Sirenengeräusche. Genau in diesem Moment erschlaffte der Körper des Obdachlosen schlagartig. Er war aufgrund der Anstrengung schlichtweg in Ohnmacht gefallen. Völlig durchgeschwitzt und aufgerieben legten König Barbarossa und ich ihm Handschellen an. Danach hielten wir die Beine des Missetäters nach oben, um die Blutzufuhr zum Gehirn zu gewährleisten. Kurz darauf erwachte er aus seiner Bewusstlosigkeit. An seinem verdutzten Blick erkannte ich, dass er keine Ahnung hatte, was geschehen war.

Die Menge an Polizeieinsatzkräften war einstweilen immer größer geworden. Anwohner hatten gemeldet, dass eine Handvoll Polizisten von einer großen Gruppe gewaltbereiter Junkies eingekesselt wurde. Und ich möchte an dieser Stelle betonen: Die Münchner Polizei ist sehr gut organisiert. Wenn es um die Gesundheit der eigenen Kollegen geht, habe ich in all den Jahren niemals einen unmotivierten Streifenbeamten erlebt.

Während die hinzugekommenen Polizisten die Störer allmählich verscheuchen konnten, kümmerten sich zwei Kollegen meines Reviers um Barbarossa und mich. Die herbeigerufenen Sanitäter betreuten den Obdachlosen. Es stellte sich heraus, dass er aus Rumänien stammte. Nach Versorgung seiner Wunden wurde er in eine Nervenklinik eingeliefert.

Ich zog mir bei der Aktion lediglich ein paar Schürfwunden an Armen und Beinen zu, außerdem eine blutige Lippe. König Barbarossa erlitt allerdings einen Kapselriss am Handgelenk und war mehrere Wochen dienstunfähig.

Dennoch hegten wir gegen den Obdachlosen keinen Groll. Barbarossa sagte bloß: „Welche Höllen muss eine Seele durchlebt haben, wenn ein Mensch dem eigenen Körper solche Narben zufügt."

Die Hellseherin

Wenn man wie ich 90 Prozent seiner Freizeit in Cafés und Lokalen herumlungert, lernt man allerlei interessante Persönlichkeiten kennen. So auch an jenem schönen Tag im September 2020, als ich in einem Lokal in der Nähe des Münchner Ostbahnhofs saß. Mir schräg gegenüber befand sich eine junge Frau Mitte 20. Sie hatte rot gefärbte Locken, blasse Haut und las einen Groschenroman. Es dauert nicht lange, da saß ich auch schon an ihrem Tisch. Die Frau hieß Ira Gegaj und kam aus Albanien. In Deutschland lebte sie seit drei Jahren. Sie hatte eine sehr hohe Piepsstimme und lachte viel.

Ira musterte mich mit schräg gehaltenem Kopf und meinte: „Entweder bist du ein Polizist oder ein Krimineller."

Ich muss dazu kurz erklären: Damals hatte ich die Seiten meines Haupts rasiert und einen klassischen Zuhälterzopf. Außerdem trug ich einen langen Bart.

„Ich bin tatsächlich Polizist", antwortete ich überrascht. „Wie konntest du das denn erkennen?"

„Weil du wie eine Bulldogge aussiehst. Wild und kuschelig."

Welche Kleider ich damals trug, weiß ich nicht mehr, aber Ira sagte: „Du bist so altmodisch angezogen. Wie ein Kommunist." Lachend fügte sie hinzu: „Und mit deinem Bart siehst du aus wie ein Hodscha."

Wenn ich eine Frage stellte, in ihren Augen nicht besonders klug war, sagte Ira reflexartig Sätze wie „Bist du dumm oder was?" oder „Wo hast du studiert?"

Ich fragte: „Stimmt es, dass es in Albanien noch die Blutrache gibt?"

Sie lachte: „Haha, wo hast du studiert, du nervige Säge? Du bist ein typisch deutscher Schlaumeister und Budal. Ihr müsst immer verallgemeinern. Und ja, Blutrache gibt es tatsächlich noch, aber nur sehr, sehr selten in klitzekleinen Dorfen in den Bergen."

Dabei hielt sie Daumen und Zeigefinger ganz nahe zusammen, um mir klarzumachen, dass diese „Dorfen" wirklich klitzeklein sind. Sie wollte natürlich „Nervensäge" und „Schlaumeier" sagen. Das Wort „Budal" heißt übrigens Idiot.

„Ihr Deutschen seid total verrückt!", erklärte mir Ira kopfschüttelnd. „Ihr sammelt Geld für die Griechen! Die sind nicht pleite, die verstecken das Geld!"

Ich wollte sie ein wenig provozieren und fragte: „Stimmt es, dass bei euch die Männer die Frauen schlagen?"

Ira lachte wieder und erwiderte mit ihrer Piepsstimme: „Bist du dumm oder was? Du bist ein richtiger deutscher Gomar."

Dann wurde sie ernst: „Hast du schon mal versucht, eine Albanerin zu hauen?" Sie machte dabei so schnell eine Schlagbewegung in die Luft, dass ich regelrecht zusammenzuckte.

Sie erzählte mir noch allerlei andere interessante Dinge. So erfuhr ich zum Beispiel, dass es in ihrer Kultur Pech bringt, wenn man sich nach Einbruch der Dunkelheit die Zehennägel schneidet. Als sie ein Kind war und es um die Wirtschaft schlecht stand, hätte ihre Oma neue Zähne gebraucht. Das nötige Geld fehlte aber. Also implantierte man ihrer Oma angeblich Zähne von einem Hund. „Not macht erfinderisch", sagte Ira und lachte.

Sie schwärmte dann noch ausführlich von den kulinarischen Highlights ihrer Heimat und erwähnte ein Küchengerät namens „Pürierstaub".

Über die deutsche Bürokratie regte sie sich unglaublich auf, weil sie ständig Nachweise, wie zum Beispiel einen „Kontoaufzug", vorlegen musste. Für die Mundhygiene verwende sie neuerdings „Zahnseile". Verkäufer einer Eisdiele nannte sie „Eisdealer". Am amüsantesten fand ich allerdings das Wort „Eisbügel" für Bügeleisen.

Auf meine Frage hin, was ihr in Deutschland bislang am besten gefallen hätte, antwortete sie: „Schloss Neuschweinstein". Als ich sie darauf aufmerksam machte, dass dieses Schloss anders heißt, sagte sie: „Ach ja, stimmt, das ist nach einem großen, weißen Huhn benannt."

Ira wollte außerdem von mir wissen, was es eigentlich mit unseren Rasthäusern auf sich hätte. Das Wort „rasten" kannte Ira nicht, das Wort „ausrasten" schon. Und deshalb dachte Ira ein „Rasthaus" sei ein Haus, in dem man gegen Geld ausrasten (im Sinne von durchdrehen) könne. Sie konnte nicht verstehen, warum es solche Häuser gab, wenn man doch zu Hause jederzeit unentgeltlich ausrasten konnte.

Auf mein Kompliment hin, dass sie sehr gut Deutsch gelernt habe, sagte Ira: „Als ich das erste Mal einen deutschen Satz in der Schule gehört habe, musste ich am Nachmittag ein Ibuprofen nehmen."

Ira erzählte mir, dass sie in ihrer Fachakademie in München vor Kurzem im Fach Deutsch ein Buch namens „Kannibale und Liebe" lesen musste und dabei kein Wort verstanden hatte. Im Fach Politik musste sie ein Referat halten. Warum ihr Vortrag für allgemeine Heiterkeit sorgte, erklärte man ihr erst hinterher. Sie hatte den Namen unserer Verteidigungsministerin „Annegret Kampf-Knarrenbauer" ausgesprochen. Ich stellte mir in diesem Zusammenhang vor, die amerikanische Verteidigungsministerin hieße Gretchen Battle-Gunsmith. Oder eine russische Verteidigungsministerin namens Jekatarina Kalaschnikova-Ballerova.

Ira erzählte außerdem, dass ihre Mutter im Kaffeesatz einer Tasse hellisch sehen konnte. (Sie meinte natürlich hellsehen.)

„Als ich ein Kind war, wollte sie die Zukunft für uns alle sehen. Sie war danach stark beunruhigt. Sie sagte, dass etwas sehr Schlimmes passieren wird. Und drei Tage später war bei uns ein Bürgerkrieg."

Ira sah mich mit ernstem Blick an. „Hellisch sehen ist ein Talent. Man kann es nicht lernen, Man kann es nur erben. Ich habe es von meiner Mutter. Soll ich bei dir auch mal in die Zukunft hellisch sehen?"

Ich bestellte einen türkischen Kaffee, trank ihn und Ira drehte die Tasse um, bis das Kaffeepulver getrocknet war. Dann blickte sie in die Tasse und sagte: „Ich sehe jemanden, der sich von dir abwenden wird. Es ist keine Person, sondern eine große Organisation. Das wird dich sehr wütend machen und du wirst vor Wut schreien wie ein Löwe." Sie blickte mich ernst an: „Warte, ich sehe noch etwas. Ich sehe, dass du einen langen anstrengenden Weg hinter dir hast, viele Jahre. Diesen Weg brichst du ab und beginnst einen neuen."

Ira stellte die Tasse hin, streckte ihre Hand aus und sagte: „So, das macht 15 Euro."

Showdown

Die 15 Euro waren gut investiert, denn Ira Gegaj dürfte tatsächlich hellseherische Fähigkeiten besitzen. Nur drei Wochen später passierte es.

Es war mein letzter Tag in der Freischicht. Ich war spät eingeschlafen. Diesmal verschonte mich der Kanisterschädelrusse im Traum, auch kein Eminem weckte mich mit derben Sprüchen. Plötzlich ein ohrenbetäubendes dumpfes Dröhnen, lautes Geschrei, das Poltern von schweren Stiefeln. Ich schreckte hoch und sah in die Augen eines Mannes, der mir eine Maschinenpistole gegen die Stirn drückte. Ich schrie, und jemand schrie zurück: „Polizei, runter auf den Boden!" Da begriff ich. Es waren die starken Männer vom SEK, die ich als naiver Jugendlicher auf der Hochglanzbroschüre bewundert hatte. Sie hatten meine Wohnungstüre eingerammt. Ihre Gesichter waren vermummt, sie hielten die Waffen im Anschlag und drückten mir den Lauf der Maschinenpistole an die Stirn. Ein Albtraum? Ja, aber ein sehr realer. Es war der Tag der „Kokain-Großrazzia" gegen etwa 20 Münchner Polizisten.

Das zwölf Mann starke Rollkommando verwüstete meine Wohnung. Sie rissen Bücher aus den Regalen, Schubladen aus der Kommode, Geschirr aus den Schränken und die Matratze aus dem Bett, während ich, nur mit einer Unterhose bekleidet und von zwei Beamten mit Maschinenpistolen in Schach gehalten, dem Treiben hilflos zuschauen musste. Ein Herr in Zivil stellte sich mir als Staatsanwalt vor.

„Herr Hammerbauer", sagte er beschwörend, „wenn Sie gestehen, wird Ihre Strafe milder ausfallen."

Dabei blickte er mich durchdringend an. Sein stechender Blick war genauso bedrohlich wie der des Kanisterschädelrussen aus meinem Albtraum. Schließlich ließ man mich wissen, was eigentlich gegen mich vorlag. Ich hätte an einem Sonntag vor drei Jahren eine Konsumeinheit Kokain besessen. Das war mir neu. Ich gebe zu, ich habe in der Vergangenheit bei vielen Gelegenheiten deutlich mehr als eine Konsumeinheit zu mir genommen. Dabei handelte es sich aber nicht um Kokain, sondern ausschließlich um eine in jedem Wirtshaus und in jedem Supermarkt erhältliche legale Droge. Ich konnte also nichts gestehen und keine Milde erwarten. Nach langer und – das möchte ich betonen! – ergebnisloser Suche nach Kokain wurde man doch noch fündig: zwei uralte Handys ohne SIM-Karte und ein Tablet mit zersprungenem Display. Mit dieser Beute sowie meinem aktuellen Handy zog das Überfallkommando schließlich ab. Mich schleifte man zur erkennungsdienstlichen Behandlung und in die Rechtsmedizin für eine Blut- und Haarprobe. Fingerabdrücke wurden genommen, erkennungsdienstliche Fotos wurden gemacht. Darauf stand: „Lorenz Hammerbauer, BTM-Konsument." BTM steht für Betäubungsmittel. Ich landete in der Verbrecherkartei.

Ich war noch zu aufgewühlt, um es gleich zu begreifen. Plötzlich stand ich auf der anderen Seite und gehörte nicht mehr zu den Guten. Am selben Tag wurde ich vom Polizeipräsidium München vom Dienst suspendiert und es wurde ein Disziplinarverfahren gegen mich eingeleitet. Den Dienstausweis musste ich abgeben.

Bei der „Kokain-Großrazzia" wurde übrigens überhaupt kein Kokain gefunden. Bei einem Münchner Polizisten stellte man in seiner Küche ein verdächtiges Paket sicher. Bei der Laboruntersuchung fand man allerdings heraus, dass es sich um Speisestärke handelte.

Für Unmut unter Münchens Streifenpolizisten sorgte vor allem die Tatsache, dass man auch die Wohnungen von zwei Zeugen mit dem SEK stürmen ließ.

Kongo-Sepp meinte dazu: „Dieses Verfahren hat sich von Rechtsstaatlichkeit so weit entfernt wie das Land Iran von der Einführung der Homo-Ehe."

Von der Razzia beeindruckt waren dafür aber die Leute aus meinem Wohnblock. Als ich am Abend verzweifelt das riesige Loch in der Wohnungstür begutachtete und versuchte, die Schrauben zu lösen, mit denen sie von der Polizei provisorisch verschlossen worden war, kam der neunjährige Nachbarsjunge dazu.

„Du, Lorenz", fragte er, „warum hat bei dir eigentlich eine Ausräumung stattgefunden?"

Kongo-Sepp wies mich darauf hin, dass so eine Ausräumung auch eine gute Seite hat. „Deine geile Nachbarin hat sicher alles mitgekriegt", meinte er grinsend. „Die hält dich jetzt für einen ‚Bad Boy'."

Die Bewunderung der Nachbarin konnte ich die nächsten drei Monate leider nicht genießen, denn meine Wohnung war unbewohnbar. Es stellte sich heraus, dass eine neue Türe eingebaut werden musste, und das dauerte. An nur einem Tag war ich von einem unbescholtenen Polizisten zu einem obdachlosen Drogenkonsumenten geworden.

Ich suchte Unterstützung bei meiner Familie. Mein Onkel schleppte mich gleich zu einer Sauftour mit seinen Kumpels ab, die hochbeeindruckt von dem koksenden Polizisten waren. Zweifel an meiner Schuld kamen aber schnell bei meiner Schwägerin auf. Sie meinte: „Der Lorenz und Kokain? Der ist doch viel zu geizig für sowas!"

Auch meine 93-jährige Oma hielt mit ihrer Meinung nicht hinter dem Berg. „So ein Schmarrn. Der Lorenz nimmt kein Kokain. Der isst ja nicht mal Kohlehydrate."

Ich will es kurz machen, nach zehn Monaten wurde das Verfahren gegen mich in Bezug auf Kokainbesitz eingestellt. Ganz ungeschoren sollte ich dennoch nicht davonkommen. In einem Chat hatte ich Sanchez ein paar Freunden gegenüber scherzhaft als „misogynen Saudepp" bezeichnet. Das war zwei Jahre her. Sanchez wurde dazu vernommen, meinte aber nur: „Das ist mir wurscht, was dieser Kasperl sagt."

Das LKA war jedoch der Meinung, dass diese Straftat trotz Sanchez' Nachsichtigkeit angezeigt werden musste. Dass es sich bei dem Ausdruck „Saudepp" eindeutig um eine Beleidigung handelt, wurde mir ausführlich begründet: „Der Ausdruck ‚Saudepp' wird im Grunde als derbe, abwertende Bedeutung für eine ungepflegte Person oder eine Person, deren Verhalten als ekelhaft und abstoßend wahrgenommen wird, verwendet. Hinweise, dass diese Auslegungen für die Person des Geschädigten zutreffen könnten, hätten sich nicht ergeben."

Alles klar, oder?

Warum die Ermittler eine Äußerung in einer geschlossenen WhatsApp-Gruppe unter ein paar Freunden, die ja nie nach außen dringen sollte, überhaupt als Beleidigung ansahen, ist mir schleierhaft. Vielleicht argumentierte man, dass außer uns auch Dutzende Mitarbeiter von CIA, Mossad und BND mitlesen würden und die Gruppe somit als „öffentlich" zu betrachten sei.

Damit das Verfahren wegen Beleidigung eingestellt wurde, zahlte ich 1.000 Euro an einen Münchner Hospizverein. Ich hoffe, das Hospiz nutzt das Geld sinnvoll und die Ärzte verlegen die nächste Weihnachtsfeier in das Nobelhotel Bayerischer Hof. Zu diesen 1.000 Euro kamen 1.500 Euro für eine neue Wohnungstür. Viel Lehrgeld für eine wichtige Erfahrung: Der Streifenbeamte, der jeden Tag aufs Neue seinen Kopf hinhält, ist nichts wert und wird am Ende auf dem Altar der öffentlichen Meinung geopfert.

Ob ein paar wenige Münchner Polizisten tatsächlich am „Daum-Syndrom" gelitten haben und in die Kokain-Szene verwickelt waren, werden anstehende Gerichtsprozesse zeigen.

Ich hoffe ferner, dass ein gewisser Kollege aus den Fehlern der Vergangenheit lernt und nie wieder offen Speisestärke in seiner Küche herumstehen lässt.

Einige Wochen nach der Einstellung des Verfahrens wurde schließlich meine Suspendierung aufgehoben. An einem regnerischen Montag traf gegen 16:00 Uhr ein Brief des Polizeipräsidiums ein. In diesem wurde ich aufgefordert, am selben Montag um 08:00 Uhr morgens, also acht Stunden vor Zustellung des Briefes, meinen Dienst bei der Verkehrspolizei anzutreten. An meine alte Dienststelle dürfe ich nicht mehr zurückkehren, hieß es. Ich war ratlos. Ich rief Kongo-Sepp an. Der meinte dazu nur: „Zur Verkehrspolizei? Da passt du bestens hin! Das, was man da können muss, kann auch eine dressierte Ziege!"

Das half mir auch nicht weiter. Wie sollte ich damit umgehen, dass sich mein Dienstherr gegen mich gestellt hatte? Dass ich nichts verbrochen hatte und dennoch nicht wieder in meinem alten Job arbeiten durfte? Wie sollte ich damit umgehen, dass ich immer noch die Maschinenpistole an meiner Stirn fühlte? Wie würde meine Zukunft aussehen?

Da fiel mir Ira Gegaj ein. Sie hatte mir ihre Handy-Nummer gegeben. Was ich jetzt unbedingt brauchte, waren ihre hellisch-sehenden Fähigkeiten.

HASSBOTSCHAFT

Um es vorwegzunehmen: Es handelt sich nicht wirklich um eine Hassbotschaft, sondern um eine Danksagung. Das Wort „Danksagung" wurde vermieden, weil kein Mensch heutzutage mehr Danksagungen liest.

Ich muss mich als Erstes bei der Münchner Augustiner-Brauerei und den Zigarettenmarken Marlboro und Roth-Händle bedanken, weil 99 Prozent des Buchs unter Einfluss dieser Substanzen geschrieben wurden.

Ich bedanke mich außerdem bei den legendären Charakteren wie zum Beispiel Mayerhofer aus der Ausbildung. Auch er ist mittlerweile übrigens unter die Autoren gegangen. Für seine beiden Krimis „Der Tote vom Gindlkofner Forst" und „Der Steinbruchschlächter" ist er aktuell noch auf der Suche nach einem Verlag.

Zudem möchte ich mich bei Kongo-Sepp, dem vor Sexismus strotzenden Sanchez, Tschechen-Hias, Aumüller, Hasi, Dr. Kaltenbrunner, König Barbarossa, dem Hooligan Brian und dem Hundeführer, der uns rettete, bedanken.

Kongo-Sepp war übrigens der Erste, der das Buch gelesen hat. Dass ich die Geschichte mit Mandy-Cheyenne niedergeschrieben habe, schmeichelte ihm. Er sagte über mein Werk: „Harter Tobak. Ein Volksstück voller Sex und Gewalt. Aber das ist auch gut so. Weißt du warum? Weil die Gesellschaft, die du beschreibst, es ebenfalls ist."

Ich finde es schön, dass Kongo-Sepp stets authentisch bleibt und nicht mit dem Strom schwimmt. Er ist das Gegenteil von uniformierter Dutzendware. Er meinte grinsend: „Hoffentlich verklagt dich der Typ aus dem

Love World, weil du seine Geschichte niedergeschrieben hast. Dann geb ich der Bildzeitung Bescheid. Die bringt das unter dem Titel ‚Kopfkissenwichser verklagt Polizei' heraus. Wäre beste Promotion für dein Buch."

Kongo-Sepp hat sich inzwischen übrigens bei der RTL Datingshow „Take me out" beworben. Falls Sie dort demnächst einen Mann sehen, der angibt, Polizist in München zu sein, wird es sich mit an Sicherheit grenzender Wahrscheinlichkeit um den Skandal-Cop Kongo-Sepp handeln.

Ausdrücklich muss ich mich auch bei Mandy-Cheyenne Zschöschke bedanken für ihr großes Herz und ihre Liebe zu Vögeln. Gewiss sind Kongo-Sepp und Sanchez keine Mustercharaktere. Beide wären vor allem im katholischen Bayern in einem Beichtstuhl besser aufgehoben als in einem Streifenwagen.

Auch Dimitri sei an dieser Stelle mein Dank ausgesprochen. Bis heute rätsle ich, ob seine Geschichte über den weltweiten Menschenhändlerring wahr oder nur ein Scherz war. Der elegante Russe erschien mir seitdem immer wieder in meinen Albträumen, manchmal als Schlange.

Ich möchte mich außerdem bei der albanischen Hellseherin Ira Gegaj bedanken. Sie ist übrigens die Einzige, die in diesem Buch mit Klarnamen erwähnt wird, weil sie sich dadurch eine Karriere als Hellseherin erhofft. Ich kann sie wärmstens weiterempfehlen. Als Hellseherin.

Da Ira in Bezug auf kulinarische Köstlichkeiten sehr „experimentierfreundlich" war, lud ich sie in ein traditionelles bayerisches Lokal ein. Ausführlich erklärte ich ihr die Speisekarte. Den Kellner erkannte ich sofort. Es war der Österreicher, den ich Jahre zuvor im „Bangladesch" kennengelernt hatte und der in „St. Adelheim" in Haft gesessen hatte. Er erkannte mich allerdings nicht wieder.

Er kam auf uns zu und sagte: „Bitte schön?"

Ich erwiderte: „Bitte zwei Weißbier und eine Flasche Mineralwasser. Als Vorspeise zweimal die Bärlauchsuppe, zwei Krautsalate, die große Portion Obazda mit zwei Brezen und zweimal den bayerischen Wurstsalat. Als Hauptspeisen die Schweinshaxe mit Semmelknödel und das Wiener Schnitzel mit Kartoffelsalat."

Der Kellner nickte, wandte sich Ira zu und fragte: „Und was bekommen Sie?"

Zu guter Letzt möchte ich von ganzem Herzen meinem guten Freund und Kollegen Josef Daniel für seine großartige Unterstützung danken. Ohne ihn wäre dieses Buch nicht entstanden. Ich erinnere mich an einen Abend, an dem ich schon drei Helle im Kasten hatte und stark übermüdet war. Im Internet machte ich mich darüber schlau, was man als potenzieller Autor an einen Verlag schicken muss. Ich war etwas überfordert und rief Josef an: „Ich hab jetzt was gefunden. Die wollen ein Exposé und eine Autorennvita. Das Wort Exposé hab ich schon mal gehört. Aber was bitte soll eine Autorennvita sein?"

Ich dachte in meiner Müdigkeit tatsächlich es hätte irgendetwas mit Autorennen zu tun.

Josef überlegte: „Autorennvita, hmmm. Ach, du hast in deinem Suff ein *n* dazu gedichtet. Es soll Autorenvita heißen, also sozusagen dein Lebenslauf als Autor."

Ich erwiderte erleichtert: „Ach, jetzt check ich 's!"

Oder um es mit meinem Freund und Bierbraumeister Maximilian Eibl zu sagen: „Die Münchner Polizei ist doch der Inbegriff der Vernunft."